一個人的無謀小旅行

PART 2

無謀小旅行

PART 3

於是去了福島

作者序

我想念一個人出國旅行的那個自己

過往只要想出國就立刻上網訂機票訂房，拉著行李箱就能出發的日常，進入二〇二〇年之後，好像變成遠古神話一樣，不只思念，還有許多悵然。尤其身體已然內建了前往機場的按鍵，陡然被畫下休止線，或像電燈突然被關掉，曾經那麼容易且理所當然的事情，變得困難重重。

於是，開始思念過往每一段旅行，每個出發的天氣，曾經相遇的人，曾經吃過的一口咖哩飯，甚至，站在街邊自動販賣機投幣買罐裝咖啡，從機器滾落下來的聲音與重量，回想起來都有了鄉愁。

所以把過去旅行的種種寫下來，藉文字複習，好像又出發，去了一次又一次的旅行。

記憶一件一件跳出來，好像甲子園球場阿爾卑斯看台的加油團一樣，小喇叭手吹奏著熱情的應援曲，鼓舞此時此刻無法異國出遊的落寞，也才理解曾經的山水相逢，是多麼不容易的事，我想念一個人出國旅行的那個自己，非常非常想念。

終於決定一個人出國旅行，是從二〇〇九年出發去東京開始的。

在那之前，總以為旅行必須結伴才叫快樂。相較於快樂這種情緒表層的開心，有同行夥伴可以商量的安心感，恐怕是更為深層的顧慮。

然而，比起自我決斷力與危機防禦力的提升，更需要的恐怕是說服身旁的人，他們總覺得一個人出國旅行，到底是出了什麼問題？個性孤僻？不好相處？揪不到人？還是有什麼性格上的缺陷？

越是說不是不是，這些都不是問題的時候，他們就越覺得，那肯定是有什麼問題。

撇開快樂或安心的考量，最初無法克服的關卡，反而是面子問題。一旦跨過去，那就沒什麼好胡思亂想的了。

反正，開始一個人旅行之後，就很難回頭了，除非有許多無法克服的難題，但出遊如果有那麼多難題，總覺得不要去也沒關係，自知性格之中沒有太多冒險的強項，好幾天都住在同一個旅館，在附近晃來晃去也覺得旅途愉快，也可以不必規畫行程，就算有行程也隨時都能按照自己的意思去修改。用餐時間完全依自己飢餓狀態決定，喝一罐牛奶或吃一個三角飯糰都沒關係，不必擔心返國之後被旅行夥伴抱怨吃得太寒酸。

一個人旅行也不是沒有伴，自己就是自己的伴。一路上，好幾個自己在內心對話，譬如：

「走右邊吧！」「但是左邊看起來也不錯。」

「不如就去這間店吃燒肉好了。」「與其一個人去占一個桌面，還不如去地下美食街外帶一盒綜合鹽味燒烤。」

「萬一趕不上車怎麼辦？」「那就去車站旁邊的旅客服務中心找一間小旅館住一晚啊！」

就這樣，也不趕時間，隨意坐下來發呆也不用跟什麼人交代，只要可以上網貼一些風景或食物的照片，讓家人知道旅行持續中，就沒什麼問題了。

從此愛上一個人出國，偶爾會跟恰好人在當地的朋友約定一天或兩天在地集合的小旅行，除此之外，旅途中的大部分時間，留給自己跟自己相處，自己跟自己鬧意見，然後想辦法自己跟自己和好。

一個人旅行不是孤獨或寂寞的問題，而是不必顧慮他人關於好玩或不好玩的感受，自己以為好玩的地方就算被他人視為冷門景點也無所謂，甚至算不算景點都沒有關係，我喜歡這種旅行模式。

PART 1

猶如在東京生活的小旅行

一九九四年結束日本語學校課程，搬離位於西武鐵道沿線的江古田宿舍之後，也就告別異鄉就學生的身分。回到台灣之後，猶如切斷在日本過生活的臍帶。十五年的時間，不曾一個人前去東京，偶爾呼朋引伴一起加入旅行團行程，或一起去東京巨蛋看棒球，匆匆來去，匆匆走入導遊安排好的免稅店。其中也有幾次工作上的出差，英文日文夾雜，說著商場上的客套話。

日語變弱了，但其實也沒流利過。臉皮也變薄了，很怕出什麼亂子。人之所以膽怯，可能是年紀，也可能是不安。

十五年間出境入境，曾經那麼接近當時學校所在的新宿東口，那麼接近二十幾歲的青春，卻不曾拋下遊覽車，走入新宿車站那近乎河水奔流的通勤人潮裡，曾經擁有的二十代勇氣，都已經磨到失去銳利，嚇到沒有冒險的一丁點膽識。

直到二〇〇九年，決定了，就出發了。

終於開始一個人的旅行，並沒有比較勇敢，還是會焦慮，但已經沒有什麼好怕的了。

前往早春的東京

還沒有手機上網的習慣，
預約租借了 SoftBank 掀蓋手機的二〇〇九年早春。

旅行不純然是放鬆啊，旅行往往折騰，不光是身體疲累，心神尤其折磨，可是回憶起來又覺得甜美，像自虐又割捨不下的糖。一旦逞強說了什麼旅行歸來總是勇氣加倍的假掰之辭，很快就撇清那些身累心累的陰影，時候到了，就又想飛出去。明明每次出發之前都害怕旅途之中出現迷路或錢包護照被偷等意料之外的插曲，可一旦出發，就勇敢了。

所以，喜歡開往機場的巴士；喜歡拖著行李箱感受它摩擦路面坑疤前行的蹦跳震動；喜歡機場廣播的聲音；喜歡航空公司報到櫃台的行李輸送帶；我甚至喜歡把數個行李吊牌綁得緊緊的，唯恐旅途當中任何搖晃，行李箱要是脫隊去走它自己的行程，那就寂寞了。

這些興奮與甜美，往往只歸屬於旅行，如果是工作關係的移動，只能勉強算是寂寞的試煉與疲累的催化劑。白天絕對要武裝，絕對要聰明，不能讓商場上的伙伴看到自己的怯懦，夜裡回到旅館，就直接倒臥床鋪癱睡，內心只想著快點回家。

可是東京不一樣，旅行或出差都像返鄉。我曾經在那裡生活過一段日子，從職場叛逃的上班族變成每日擠電車上下課的學生，「想學好日語」可能只是檯面上說得比較漂亮勵志的場面話，更大的企圖應該是逃脫，倘若不在那個年紀放手一搏，年齡會不斷在生命畫線，過了某條年齡界限，就沒有莽撞的勇氣了。

那一年，東京變成逃脫的彼方，人稱浮浪者是無家可歸的遊民，可我在實際居所與心靈可以倚靠的地方都不至於欠缺，卻自認為是個從職場出走的浮浪者，把日常的每一天當作旅行，真的很奢侈。

於是，天空傳來的烏鴉叫聲、山手線列車廣播與月台發車音樂、街邊發面紙的短裙女孩、或是每天都要投一罐 BOSS 咖啡的自動販賣機，都留著二十幾歲的青春殘影，摻雜了故鄉他鄉的複雜情感。每次回到東京都跟二十代的自己擦身而

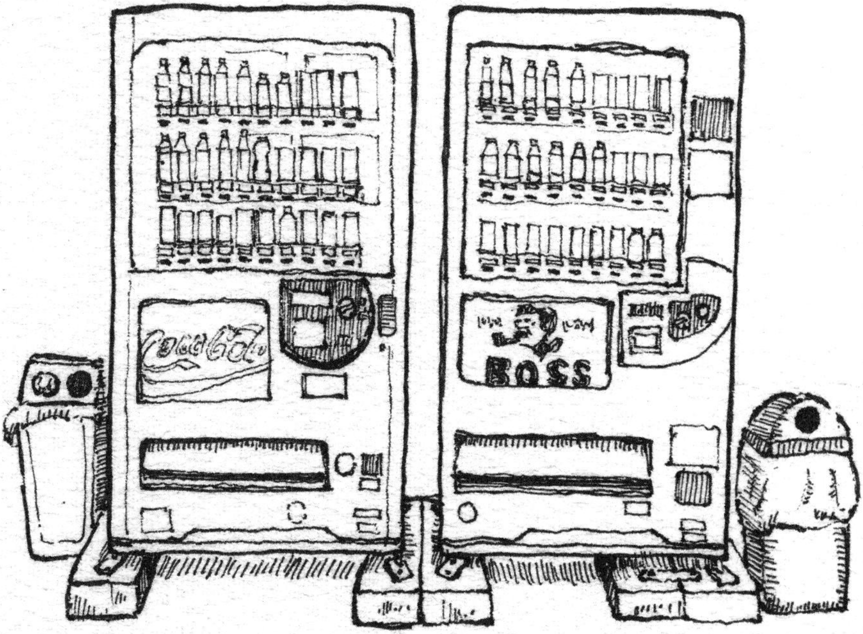
Coca-Cola
BOSS

過，東京於我而言，就像穿越時光的黑洞，黑洞那頭猶然年輕，黑洞這頭則是年年老去。

三月初春，台北氣溫約莫攝氏十七度上下。天未透光就起床，前一晚照例翻來覆去無法入眠，出發前夜一向如此，自兒時學校遠足就這般，沒辦法根治。習慣的無線電叫車客服回報附近沒車，也沒打算再幫忙呼叫，只說抱歉，口氣強烈暗示我快點掛電話。只好找另一家，約好五分鐘後樓下見。拎著前一晚預先買好的早餐，巡一遍門窗與電器插座，水族箱倖存一條孔雀魚，也只能勉勵牠堅強點，好好保重。

計程車在春寒破曉時分馳騁於尚未甦醒的街道，除了廿四小時營業的便利商店之外，有些店家雖然拉下鐵門卻依然亮著招牌，或許是體恤早出晚歸的人，為他們留一盞燈吧！

松山機場開往桃園的巴士站牌稀稀落落只有幾人，我和行李箱並排站著，羽絨外套塞在行李箱裡，即使冷到發抖，也強迫自己提前預習東京的寒意，據說那裡的氣溫不到攝氏七度。

往機場的高速公路像一條面向陽光逐步甦醒的晨跑路線，好一段時間沒出國了，抵達機場之前的那些路標與建築，看起來似乎沒什麼改變，但也不確定原本的模樣是什麼。做為國家門戶，這個機場既有名稱上的更迭，還有老舊的基因，許多人嫌棄她的門面不夠光鮮，吃食又貴又難下嚥，但我不在乎了，因為我要去旅行了。

報到劃位，下行李，取得登機證之後，好像隨時都可以展翅飛出去了，卻在喝著當天早上第一杯咖啡的面窗高腳座位區，打開迷你筆電想要檢視一下日本Yahoo頭條新聞時，才發現筆電鍵盤毫無反應，如此微小的挫敗卻像迅速燎原的爆炸引信，渾身立刻焦躁起來，好似旅行尚未開始，就被潑了一桶冷水。我坐在大窗戶之前，決定快點將負面情緒踢走，想到以前出國之後只能靠國際電話才有辦法跟家人報平安，而後這幾年被網路寵壞了也就禁不起離線焦慮，等到抵達東京，再去秋葉原買個外接鍵盤就好了啊，不可以被挫折擊倒。

距離班機起飛還有點時間，在長長的登機門通道來回踱步，雙肩背包裡面有護照和A4紙列印出來的東橫INN訂房資料與SoftBank租借手機的網路確認單，還有一本東京下町散步地圖，台幣與日幣紙鈔和硬幣，信用卡兩枚，WBC（World Baseball Classic 世界棒球經典賽）東京巨蛋觀戰 Pass，以及 Canon S3IS 相機，和那台廢了半套武功的迷你筆電。

相較於團體旅行，導遊不厭其煩的叮嚀和團友互相喧鬧的嘈雜，一個人的旅行很自然就歸入旁觀者的獨立圈，無人對話，只好發呆，內心出現類似這樣的 OS：「好啊，你們儘管吵鬧，等一下上飛機休想要跟我換座位。」這是很低等且無用的精神勝利法，因為只要陌生人開口，自己還不是和顏悅色答應換座位，畢竟一個人啊，坐哪裡都不會覺得寂寞，無須交談對象，航程有多長，就有多堅強，那一路飛航就築成自己跟自己對話的空間，根本不會無聊。

聽到登機廣播，開始有離境的雀躍，想像半蹲之後，深呼吸，腳一蹬，就要展翅高飛。那些出發之前必須提早完成的急件，那些想盡辦法挪到返程之後再處理的工作，即使十萬火急都抵擋不了開啟旅行按鍵之後就一路往前衝的氣魄。

在登機門靠牆的長長皮椅上，我坐在一個看似歐美商務客的旁邊，偷窺他的手指在筆電上面飛快輸入訊息，好像忙著處理什麼棘手的事情，看他皺眉頭還自言自語，想起自己一身清爽，內心突然驕傲了起來，很想在皮椅上面躺成大字狀，小筆電鍵盤無法輸入的問題都阻擋不了我了。

陰天的停機坪，雲層透出微光。飛往東京成田機場第二航廈的班機，華航CI100，像吃過早飯，喝過咖啡，看完報紙，準備飛往北國的候鳥。

我的座位被安排在最後一批登機，照例是進入機艙、繫好安全帶之後就開始耳鳴。跟空服員要了一條毯子，套上耳機，選擇日文歌頻道，睡意即刻襲來，飛機還在跑道上面滑行時，就已經睡著了。

被空服員送餐的腳步聲喚醒時，耳鳴狀況已經改善。機艙裡面充滿烤麵包的香氣和啤酒的氣味，空服員以日文詢問要魚料理還是烤雞？我用中文回答的時候，她回以淺淺微笑，這位剪著貼耳短髮的空服員，長得真甜美。

飛越國境與國境之間的海洋，時區轉換是一回事，心境轉換又是另一種功夫，也不純然是開心或緊張的問題，很難形容那種來來去去或許可以稱為流浪或漂泊的狀態。那一年在台灣與東京之間的飛行，好像從另一個家去到另一個家，又從另一個家，返回另一個家。我幾乎同時牽掛這兩個在心靈與實質上同等重要的居所，即便是位在西武鐵道沿線的江古田學生宿舍，幾帖榻榻米的空間，也有家的歸屬感。

後來我才知道，只要有床，有一扇俯瞰街景的窗，一間有免治馬桶的衛浴，把行李箱攤開，外套掛在牆上，就算身處異鄉，也像回家。

自己是喜歡縮起來的寄居蟹，一旦有了安穩的殼，有了隔絕陌生人的牆，那便是家。永久的，短暫的，一個晚上也行。

於是，飛往東京途中，機艙開始免稅商品搶購的那個瞬間，我竟然有了迫切的那種類似返鄉的期待感。

班機降落成田機場時，想起十數年前，華航還在羽田機場孤單的國際線起降，搭乘單軌電車穿梭在大樓之間，我是一個從上班族逃脫的，貪玩的，渴望喘息的人。那一整年異鄉生活，人生彷彿進行一場寧靜的光合作用，當時吸收到的養分，成為往後即使日子再苦悶也還能拿出來回味反芻的存糧，因此感覺人生還算美好，也就不去計較接踵而來的各種挫敗。

我回來了，東京！希望妳如常，一切安好。

東京的氣味

一時也說不上來那是什麼，
總之入境以後，
立刻嗅出這個城市的脾氣，
極度乾燥。

飛機在成田機場降落。將手錶時間調快一小時，世界就往前多跑了一段距離。黃昏會提早到來，清晨會提前甦醒，換日線在台灣的前方。

成田機場空橋走道的氣味，果然與桃園機場不同。多年前曾經獨自到韓國首爾出差，那時候還叫做漢城，是學生示威運動很激烈的年頭，荷槍實彈的軍隊進駐航站大廈，空氣之中瀰漫著煙硝味。

但我不記得曾經去過的泰國與菲律賓和新加坡機場，任何一個東南亞小島或地方機場究竟何種氣味，也許是天氣熱，高溫讓嗅覺敏銳度降低，大致就是瓦斯爐上的湯鍋沸騰產生的氤氳水氣感，濕濕黏黏吧！不過香港啟德機場與赤鱲角機場倒是印象深刻，那裡有梅豔芳與張國榮以及港劇《大時代》的味道，加上廣東話，會讓人想起茶樓叉燒包鳳爪腸粉腐皮捲的氣味。

離開機艙之後，發現身旁的日本人猶如聽從口令一般，不約而同取出手機，開機的音樂鈴聲此起彼落，譜成紛沓交錯互相干擾卻又莫名和諧的序曲，所謂入境的序曲。

機場廣播的語言，標示的文字，乾燥的空氣，緩緩將我腦內的聽講中樞和思考硬碟，調整到另一個頻道，從中文模式，切換到日語模式。

搭乘機場無人駕駛單軌電車，從空橋到入境大廳的途中，瞧見窗外的東京天空是拘謹冷調的淺灰色，雲層很低，目測應是乾冷天氣。比起濕冷，我對乾冷的適應要好多了，除了門把或電梯按鈕的靜電襲擊之外，幾乎沒什麼障礙。

去了一趟洗手間，馬桶座墊溫熱，洗手台也有溫水供應，「歡迎來到免治馬桶的國度」，內心出現這樣的 OS。

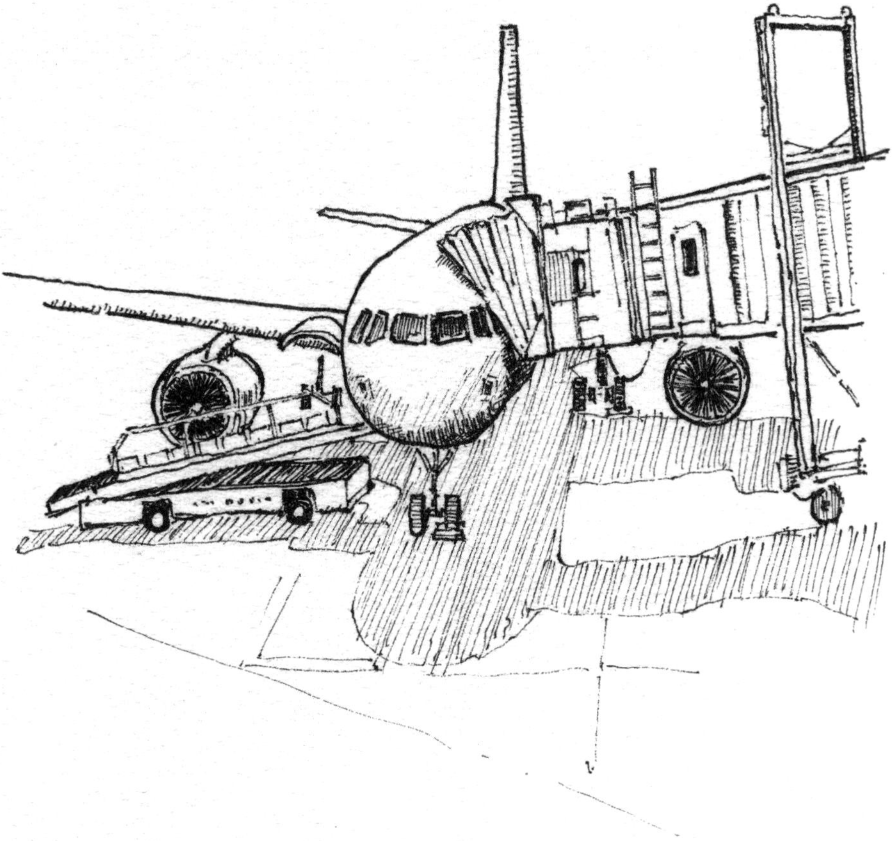

洗手間沒有異味，磁磚閃閃光亮好像剛敷過面膜，地面乾爽毫無水漬根本神經質。每次入境，立刻就被日本廁所神話收買到五體投地的程度。這個國家的規矩多如牛毛，SOP猶如金鋼護體，可我的一些日本朋友對這些規矩與日本人的合群倒是不以為然，他們喜歡台灣隨機應變的柔軟度，看似混亂卻有互相牽引克制的秩序，感覺起來比較舒服。被他們這麼誇獎的時候，我也只能歡喜接受了。

入國審查還是大排長龍，想起以前可以拿「就學生簽證」去排本國人窗口，咻一下就過關了，現在擠在外國人行列中，猛然想起，自己是外國人無誤啊！

海關派出兩位穿著藍色西裝的工作人員，高舉入境表格，用很滑稽的中文強調，「後面，後面，後面也要寫……」（多年以後，入境表格就把後面該填寫的項目都拉到前面了，也算德政）

排隊路線曲折迂迴，如何拉線，如何增加轉彎次數，如何讓排隊者有不斷前進的錯覺，這技巧在迪士尼樂園和東京巨蛋入場都發揮得淋漓盡致，機場入國審查只是比照辦理而已。跟著人龍碎步前進，像迴圈裡的白老鼠，即使早已看穿排隊動線設計者的心機，但也不能怎樣，緩慢移動好過原地等待，繞來繞去只是給入境者一直移動的安心感而已。

入境日本要按壓指紋，還要拍照留存。指紋機器彷彿電玩按鈕，稍稍使力，掐啦一聲，食指紋路就進入東野圭吾或松本清張的推理小說中，成為證據了吧？當然是開玩笑，現實世界應該沒那種腳本。

至於那個拍照設備會讓我有面對遊樂場大頭貼機器的錯覺，每個步驟都有笑臉提示和倒數計時的數字浮現，可以這樣裝可愛也算是花了一點心思吧！入國審查官懇請旅客配合的措辭用字一律採取敬語，對他們來說那就是工作的一部分，短暫幾秒要辨識出什麼入境破綻，想必要有十足功力，我常常在遞出護照與收回護照的瞬間，想一些有的沒的，很怕神情過於緊張，而招致對方懷疑，但一切只是多慮了。

領了行李，走向最後的海關檢驗，面對一個戴著白手套、長得像日本演員小栗旬的高瘦帥男，看他舉起圖卡，詢問有沒有圖卡所示的違禁品？當然搖頭。也不到諜對諜的程度，自己當然不會心虛，眼神交會的時候絕對不能示弱。不曉得帶著違禁品闖關的人是不是也這樣，譬如女毒梟遇到這麼帥的檢驗官，會不會卸下心防，主動認罪？所以這是心戰策略，類似美男計嗎？不過看到隔壁通道的檢驗官是個矮胖的中年大叔，瞬間就覺得胡思亂想的自己顯然多慮了。

小栗旬客氣取走護照，隨意翻翻，用英文問說，來東京幾天？我用日文回答，十天。又問，來觀光嗎？我回答，來看棒球，WBC。小栗旬的眼睛亮起來，「真的嗎？祝妳看球愉快！」

他會是棒球迷嗎？如果剛好也喜歡鈴木一朗，那更好。至於，好什麼好，也說不上來。如果支持同一隊或同一人，也不能擊掌或做些什麼，純粹就是自己在內心小劇場感覺開心而已。

搭乘電扶梯來到機場地下一樓，找到SoftBank櫃台領取之前在網路預約的手機，暗紅色掀蓋機型，薄薄的，來電鈴聲是巴哈G大調小步舞曲，非常日劇的感覺。

拉著行李，找到JR服務中心，早就打算憑外國人護照購買「Suica+N'EX」組合，搭乘成田特急（Narita Express）到池袋，可以省掉一半費用。Suica類似台北捷運悠遊卡，往後十天當然倚賴甚深，可惜櫃台甜美的服務人員一直鞠躬道歉，指稱東京與成田之間的 JR 鐵道因為信號故障而停駛，不清楚信號修復需要耗費多少時間，一旦修復可能要先消化之前堵塞的班次等等，強烈建議我到一樓搭乘機場巴士。

感覺洩氣，前功盡棄的那種洩氣。

行前在網路拚命查資料，如何規畫路線，如何精算成本，那些處心積慮模擬揣測，都只是行前的儀式罷了，意料之外的突發狀況立刻就打翻所有出發之前的縝密算計，可是站在原地跺腳懊惱也沒用，對於旅途中的不確定要更樂在其中才對啊！

又拉著行李搭乘電扶梯回到地面層，前往機場巴士售票櫃台，詢問池袋線巴士停靠站，到底是太陽城飯店還是大都會飯店的下車處，比較接近我預定的池袋北口東橫 INN？

遇到緊急狀況時，可能是因為腎上腺素分泌特別強烈，日語竟然出奇流利，售票櫃台那位聲音甜美的工作人員完全懂我的意思，立刻建議我購買午後兩點五十五分從成田空港第二航廈開往池袋的車票，在大都會飯店下車，應該比較不會迷路。巴士車資三千日圓整，折合台幣也要一千多塊錢，總是這樣，日幣三千覺得不貴，可是換算成台幣一千，又覺得不便宜。

自動門敞開瞬間，航廈外頭湧進早春三月的冷空氣，東京的氣味啊，暌違數年的鄉愁。彷彿旅行又如返家的一趟飛行，我這樣一個偽裝回鄉的異鄉人，即將進入東京都心，在暮色來臨之前。

從七號候車站牌上車，行李交給穿著深色大衣的工作人員，收下行李號碼牌，坐進暖房設備的車廂內，頭靠著玻璃窗，隔壁是一位穿著黑色長風衣的中年男性上班族，車子一啟動，就呼呼大睡。我捨不得打盹，眼睛睜得大大的，將眼前的景象，一幕幕收進回憶的眼眸裡。

東京的氣味，東京的週日午後風景。二〇〇九年三月一日，天氣，陰。地面溫度，攝氏七度。

於是我回到池袋與真島誠相逢

真島誠是小說《池袋西口公園》的主角，
一邊顧著家裡的水果店，
一邊解決池袋周邊的暗黑世界難題。

機場巴士從千葉縣進入東京都內，在大樓之間穿梭的高架道路猶如開腸剖肚的手術縫合線。或許是假日的關係吧，沿途經過的商業辦公區，街上少有行人走動，我以為抵達一個無人之城。

車子越靠近池袋，忐忑與期待夾雜的情緒就越是近逼而來。車窗外的街景像一把鑰子，賣力在腦袋翻攪，那些沉睡在記憶裡的碎片，如拼圖一樣，賣力移位，想辦法重組。

我對池袋確實偏愛，有位日本朋友說她對這樣的偏愛難以理解。她在中央線出生成長，眼中的池袋是個氣味混雜的地方，她甚至說，不敢一個人到池袋，頂多在車站快速換車，不會走進小巷冒險。

而我所偏愛的，正是那些危險的小巷，感覺隨時都會有黑道衝出來，也隨時會有警視廳那些穿著黑色風衣的刑警擋在路口，舉槍大聲吆喝不准動，但是類似這樣刺激的場面，一次也沒遇過，頂多看到警察臨檢酒駕，而那些餐廳後巷頂多飄來熬煮高湯的醬油甜味而已。至於街邊的風俗業，論起強度，可能還比不過新宿歌舞伎町的虛華。

讀書那年，每日在池袋車站換車，從西武池袋線轉乘 JR 山手線或埼京線前往位在新宿的學校，換車空檔就在東武和西武與 PARCO 這三間百貨晃來晃去，天氣好的時候就散步去太陽通，一路拿免費的廣告面紙，回程一定會吃路邊攤現做的吉拿棒，我喜歡吉拿棒的肉桂甜味。

作家新井一二三曾經在文章裡面如此描述池袋：「在東京人的印象中，池袋一貫是很土氣的三流繁華區；沒有銀座的高貴，六本木的洋氣，澀谷的時髦，新宿的次文化。連地標六十層高的太陽城（Sunshine City）也蓋在巢鴨監獄舊址上，

也就是第二次世界大戰後，日本戰犯被關押處刑的場所，自然不會有歡樂的聯想。」

然我最熟悉的池袋鬧區，也就是蓋在巢鴨監獄舊址的太陽城，尤其是那裡的地下街，以及隔壁大樓好幾層的 Tokyu Hands。

十五年前，我的池袋散步路線往往是這樣，從車站東口貓頭鷹雕像的位置走階梯來到平面道路，過斑馬線，先去車站正對面的「松本清」藥妝店，再安靜走入隔壁那間充滿昭和氣味的糖果老鋪，穿越大馬路之後，再走進「太陽通」步行區，偶爾去吃當時還沒有引進台灣的摩斯米漢堡，然後去 Tokyu Hands 往往花上一到兩個鐘頭，研究各種手作素材與各色工具零件，嚮往成為木工高手，但嚮往終歸是嚮往而已。多年以後，Tokyu Hands 進軍台灣，看起來比較像是大型藥妝店加上廚房用品的集合，手作零件與工具的比例相當低。

我也喜歡太陽城超高大樓的地下街 ALBA，總是如浮游生物那樣，毫無目的走來走去，那時應該也曾經在地下街噴水池廣場逗留過，後來讀了石田衣良的《池袋西口公園》，發現主角真島誠也經常這樣，在 ALBA 無所事事閒晃，在其中一個篇章「西一番街外帶」的故事中，真島誠就是在噴水池廣場和一位隨著小早安少女組的新歌而起舞、手腳如竹竿一樣細長的十一歲女孩相遇。

於是，我再度回到這個三流繁華區，欠缺銀座的高貴、六本木的洋氣、澀谷的時髦，也沒有新宿的次文化，甚至歡樂不起來的池袋。

機場巴士停在太陽城飯店門口，隔壁座位那位穿著風衣的上班族起身離開，我看著車子緩緩繞出太陽通，繼續往大都會飯店的方向前進。

已經抵達終點站了，但我無法清楚想起，池袋北口到底在哪個方向，難免焦慮。如果真島誠恰好雙手插在牛仔褲口袋行經此地，該有多好！但這個時間，他可能在池袋西口的水果店幫自家的盒裝蘋果噴水吧！

向飯店門口那位穿著厚毛料大衣的工作人員打聽通往池袋車站的捷徑，他說，直接穿越飯店大廳比較簡單。我拉著行李箱，底部滾輪在飯店地毯滑出一道隱型凹痕，果真出了大廳，穿越一個鋪滿細石子的小庭院之後，就看到池袋車站了。先前無法辨識方向的焦慮，逐漸轉為心臟急速跳動的雀躍。

走進車站之後，先是看到東武鐵道的售票機器，環顧四週卻找不到「北口」的指引。於是找了賣彩券的女店員打探，那位約莫四、五十歲，短髮的中年女性，和隔壁窗口的同事討論了一下，從壓克力透明窗口探出頭來，建議我沿著左側工地圍籬繞過車站，那裡應該就是北口。

週日午後，池袋車站聚集的人潮與週間工作日明顯不同，多數是來約會或逛街購物的，穿著打扮比較隨興。繞過工地圍離之後，來到一處商店街入口，恰好附近有個小型「交番」（派出所），交番門邊有一面閃著小燈泡的地圖，一位身材矮胖的制服員警正在跟兩個騎單車問路的年輕人交談。

出發之前，已經從網路列印東橫INN的周邊地圖，抬頭看到肯德基速食店招牌時，大抵抓到方位了，但是眼前那位認真的員警已經向我招手，只好把網路列印的地圖交給員警，他看了一下，把地圖又交還給我，仍舊堅持用門口的小燈泡地圖來解說。大約是聽出我的外國人口音，也看到隨行的行李箱，他刻意放慢說話速度，一字一字清楚咬字，很像NHK的日語教學。

以前聽說日本治安好，警察的主要工作就是應付百姓問路需求。但我看日本警匪片不是這麼一回事啊，或那些都是警視廳或重案組的工作吧，如果是街邊交番派出所，問路說不定才是主要工作項目，就像動漫《烏龍派出所》的兩津勘吉那樣吧！

想起以前在江古田學生寮有位香港來的樓友，日文才只有辨識五十音的程度，一天在池袋附近迷路，語言又溝通不了，只能求助派出所員警，員警居然開警車送她回學生寮，警車歐咿歐咿一路呼嘯，閃著紅色警示燈，抵達學生寮門口時，還引起鄰居一陣騷動。

但我隨即想起，這或許不是向日本警察問路的初體驗，三年前在東京巨蛋附近，帶著朋友直接衝進一間有著可愛尖屋頂的街邊派出所，打聽附近有沒有眼鏡行。肥肥胖胖的值勤員警嚇一跳，對於那附近沒有眼鏡行這件事情，還一直彎腰鞠躬道歉。

在池袋北口一片酒水餐飲店夾雜著神祕風俗店的街景中，終於看到東橫 INN 白底藍字的大招牌出現在路的盡頭，這趟旅行短暫歇腳的家，在池袋這個三流繁華街心張開手臂，等待我叩門，那裡的床，即將成為歇息的港。

往後這些年，只要在東京，就選擇住在池袋北口東橫 INN 靠岸一號店或二號店，重新又熟悉池袋車站之後，才發現池袋北口的指標，只有在靠近北口附近才會出現，對找路的人來說，就只能靠相遇的緣分了。

從東口路面其實可以走一段地下通路，穿過鐵道下方，是一條腳踏車會呼嘯而過又剎車聲吱吱作響且牆面充滿塗鴉的神祕通道，列車經過時，好像車輪距離頭頂不過幾釐米，隨時可以輾壓過去，是很異次元的空間。地下通路走到底，重新走回路面之後就是北口了。有幾次深夜走那條通路，會幻想盡頭有光的地方，站著一手插腰一手指著遠方、穿著黑色斗篷的神祕怪客，可惜一次也沒遇過。那地下通道旁邊有座建築，掛著 niconico 本社的大招牌，日本網路直播第一王者的 niconico 出現在路邊，感覺很不真實，果然是異次元的周邊才會有的產物。

二〇二〇年夏天，閱讀日本演員樹木希林在生前最後一次接受媒體《朝日新聞》專訪的連載文章，讀到她的童年，在戰爭空襲之後的雜司谷墓地附近，大約二十坪租賃土地上，母親拜託木工搭了一棟像鰻魚窩的兩層樓細長型屋宅，從住家往池袋車站的路上，只有她家是兩層樓建築，可以清楚看到池袋車站的西武百貨，當時的西武百貨似乎也是兩層樓建築。她說，連結池袋東口和西口的橋樑是

用木板搭建的，行人走過時，會發出「叩達！叩達！」的木屐聲響。（出自《走在，沒人想去的地方》）

希林女士開始演戲時，我都還沒出生，沒機會看到兩層樓的西武百貨，也沒機會走在木板搭建的東西口連絡橋，幾年前倒是有過一個上午，從池袋車站走到雜司谷墓地，那時應該有經過希林女士童年居住過的那棟像鰻魚窩的舊址吧！這麼一想，突然覺得心頭一陣溫暖，畢竟希林女士跟池袋都是我喜愛的啊！

久違了！地鐵丸之內

丸之內線的車廂從暗紅色進化到銀底紅線的新造型，整體形象從安靜不多話的女性長輩，變成活潑愛漂亮的小阿姨或大表姊。

站在東橫 INN 櫃台前方，遞出網路訂房確認信，訓練有素的櫃台接待人員，聲音甜美對客人鞠躬說著辛苦了，應該是 SOP 表列的詞彙，但我很吃這一套，因為一早以來的奔波，真的很辛苦啊！預計住房的十天九夜當中，遇到兩個週日特別折扣，接待人員立刻用計算機按下折扣後的數字，加上入會之後附送十晚送一晚的優惠，旅途之中，最容易被這種溫暖的小恩惠討好，也不知道下次來日本是什麼時候，慨然簽下會員申請書，挑了幾樣貼心禮物，心甘情願成為集點的俘虜。但我也真的被這位訓練有素的旅館員工給征服了，有條不紊解說旅館提供的服務內容，推薦鄰近好吃的燒肉與拉麵店，分分秒秒保持笑容，如果是我來做這份工作，應該會在下班之後，疲累到拎一罐啤酒坐在樓梯間發愁吧！

拿著鑰匙，上樓，七〇四號房，位在電梯旁邊。將鑰匙插入門孔，按壓金屬門把時，猛然被靜電攻擊，彷彿還聽到ㄘ的一聲。

進到屋內，將鑰匙插入門邊的直立扁匣，室內照明霎時亮起。小聲說，「ただいま！」明明是第一次進入的房間，卻說，「我回來了！」

進門之後是一條窄窄的通道，左側牆上掛著木頭衣架，右側是一體成形的衛浴空間，所謂一體成形真的就像一個配備免治馬桶、洗臉台、鏡子、毛巾架、水龍頭、出水孔和泡澡浴缸的大箱子，尺寸剛好就塞入預留好的空間，不必貼磁磚，應該也省去大部分泥作工程，感覺就是個速成的浴廁膠囊。

雖是單人房，但床夠大，床底墊高，整個行李箱塞進床底都不成問題。室內照明可調整亮度，床頭立燈如兩頭伸長脖子的長頸鹿，一頭直挺挺往上仰望，另一頭稍矮，不管是拉到桌面或床頭閱讀都不成問題，亮度很足，不像某些五星級飯店，昏昏暗暗，讓人想睡。

保險箱、冰箱、網路、加濕功能的電動水壺，日本煎茶包，吹風機，燙衣板，還有小型書架上面幾本很有氣質的日文書，有那種 All-in-One 的便利感。

我喜歡這種安靜且乾淨，看似跟客人保持距離，其實處處貼心的小型商務旅館。坪數雖然不大，但慰藉單身旅行者的空間恰到好處，暖度足以包裹一個人的自在，不至於太空曠。

擱下行李，脫下厚外套，在床上躺了一會兒，看著天花板，身體慢慢放鬆了，險些睡著。早一步來到東京，約好一起看球的朋友撥電話來，瞧見外頭天暗了，原本說好陪他們先衝東京巨蛋搶票，但來日本之前已經在網站查過售票狀況，這屆 WBC 因為賽制的關係，地主隊參與的場次幾乎售罄，朋友是確定與日本隊賽事無緣了。我手上有事先申購的 Pass，照理說當晚的日本隊與讀賣巨人軍的熱身賽也可以入場，但又倦又餓，猶豫著到底應不應該放棄。

重新穿上外套，走入池袋街道。

天黑之後，氣溫更低，室外彷彿大冰窖，連呼吸的鼻息都噴出白霧。走在色情酒水行業氣氛濃厚的池袋北口周邊，空氣之中有燒烤跟生啤酒的氣味。路邊有幾間垂下布簾的神祕店面，門口站著理平頭穿西裝外搭黑色大衣的男子，我又想起《池袋西口公園》的真島誠與G少年活躍的舞台，普通人的日常與黑道組織的日常，正反兩面互相輝映的各色人生，此時帶著小說閱讀記憶融入池袋街景，一切看起來就十分合理了。

走入池袋車站北口的地下聯絡通道，相較於東口熟識的西武百貨與PARCO，北口往西口延伸的東武百貨對我來說相對生疏，但前往東京巨蛋所在的後樂園車站必須仰賴的地鐵丸之內線，卻一點也不陌生。

以前常常搭丸之內線去本鄉三丁目幫一位留日的台大醫師打報告賺零用錢，另有一次受邀去東京大學赤門附近某一棟百年歷史的學生寮聚會，還有幾次去大手町申請再入國許可，都是搭乘丸之內鐵道來來去去的記憶。和西武鐵道的黃色車體比較起來，丸之內線的暗紅色車體沒那麼亮眼，有點古意，雖不到孤傲的程度，但顯得拘謹安靜，像個不多話的女性長輩。那一整年頻繁搭乘丸之內線，離境一年之後，發生無差別攻擊的「東京地鐵沙林毒氣事件」，丸之內線也包含在事件發生地點的霞ケ関駅經由線路之一，因此對事件受害者有了相當深沉的同理情緒，倘若時間座標橫躺下來，稍稍錯亂排序，人生也許不同。

池袋車站的丸之內線票口與售票機並沒有改變，地下鐵職員那套不深不淺的藍色制服也沒有更新，通往月台的階梯已經出現歲月斑駁痕跡，記憶裡的丸之內線月台還是一樣，連呼吸都帶著地底的潮濕土味

週日傍晚，沒有平常日通勤人潮的窒息感。列車進站之後，才發現丸之內線的車廂已經改款，過去的暗紅色車廂，而今變成科技感很強的銀色車體，車窗上下緣各有兩條鮮紅線條，感覺活潑不少。往昔那種近似不多話的女性長輩模樣，變成時髦愛打扮，接近小阿姨或大表姊的那種形象。

月台多了電動柵門，跟台北捷運的月台雷同。日本人在列車進站時，縱身臥軌的意外時有所聞，而今添了柵門，乘客當真死意堅決，還要費勁越過等身的障礙物，若沒有矯健身手，恐怕辦不到。月台柵門應該有降低首都圈人身事故的發生機率吧！

睽違好幾年，坐在車廂內，意識到時空磁場的挪移，突然想起淺田次郎的小說，曾經改編翻拍成電影的《穿越時空地下鐵》，劇中的內衣銷售員堤真一，總是拖

TOBU BOOKS

著出差的行李箱，在照明灰撲撲的地底月台通道快步疾行。畫面在樓梯與手扶電梯之間上上下下，在某個不起眼的出口通道，堤真一氣喘吁吁爬上路面之後，時光瞬間倒轉，回到他父親的年代。

列車靠近後樂園站，我開始期待堤真一穿越時空的本領，可以發生在自己身上。

列車進站，取出外套口袋的 Suica 卡感應通過改札票口，站外人潮太多，不若電影場景那樣冷清，當我氣喘吁吁爬上出口地面時，外頭酷寒冷空氣撲了上來，看到燈火通明的東京巨蛋屋頂，果然時光沒有倒轉，仍舊是二〇〇九年不動如山的此時此刻，我還是無法回到東京巨蛋落成之前的後樂園球場，那時以金雞獨立之稻草人打法風靡日本的王貞治，應該還很年輕。

站在東京巨蛋某一個可以經由透明旋轉門窺探場內的入口處，隱約聽到球迷的吶喊與掌聲，其實亮出 Pass 入場也行，但飢腸轆轆，決定先去巨蛋對面的一蘭拉麵解饞。

店門口排了小小人龍，自動販賣機購券之後，店員拿來問卷小白單，還貼心給了筆。舉凡口味濃淡，青蔥或白蔥，麵條軟硬，獨門醬料添加與否，一一勾選，反正排隊等待總要花些時間，不如就費點心思和那碗拉麵先培養點默契。店內座位分成窄窄幾列，一人一格，有空位就填補進去，座位前方有個小窗，將單子遞進去，不多久，拉麵就來了。店員雙手捧上，還對著小窗深深一鞠躬，隨即拉上小布簾，座位與座位之間有木頭隔板，吃拉麵成為不受打擾的儀式，也無須介意鄰座眼光，更不用與廚師店員多語，對孤僻的單身旅人來說，真是天堂。因為是自己挑選的口味，不管是麵條咬勁與湯頭鹹淡都恰到好處，麵條是我喜歡的細麵，獨門醬汁又是我喜愛的黃金比例，滋味甚好。神神祕祕安安靜靜，好像忍者飛簷走壁那般不著痕跡。最後喝到湯汁一滴也不剩，見碗底浮現收尾的短句，忍不住會心一笑。酣然暢快打了滿足的嗝，這時候喝幾口冰開水最好，唇舌之間，會勾出甜甜的回甘。

掀開小店門簾，外頭低溫，但胃裡熱熱的能量飽滿了，跟低溫搏鬥的戰力都提升上來了。

往水道橋車站的方向漫步，發現鄰近巨蛋飯店有一家中型書店，店內的野球類書籍堆疊成一座座小山，如四萬人球場滿席那樣的氣魄。此屆 SAMURAI 日本國家武士隊監督原辰德的新書擺在最顯眼的位置，毒舌派的樂天監督野村克也儼然以經營管理學的專家分類登板，王貞治的引退專刊也很吸引人，清原和博的新書看起來剛上架，連已經過世的仰木彬監督也有作品問世。但 WBC 亞洲區預賽開打之後，倘若沒有鈴木一朗那也未免太失禮了，某本書副標寫著，「七十四則 ICHIRO 的發言——心理學徹底分析」，自熱身賽以來，已經連續二十三打席無安打，打擊率跌入一成三的鈴木一朗，此刻正在東京巨蛋場內和他低迷的現狀搏鬥，而出版市場已經針對他七十四則發言進行心理分析，果然是認真到有點變態的社會！

巨蛋內的球賽還在進行中，我卻搭乘丸之內線返回池袋，走回北口東橫 INN 的途中，鑽入 Family Mart 燈火通明的店內，買了一罐 Asahi Super Dry，一罐 BOSS 咖啡，和一盒草莓口味優格。

過街之後，發現一部小貨車改裝的章魚燒攤子，小攤老闆的耳朵貼著小型收音機，正在聽東京巨蛋場內的比賽轉播。

仰頭看著池袋夜空，十幾年的睽違又重聚，歲月平添記憶的厚度，抵達之前，稍有踏入記憶斷層的焦慮，可一旦走進來，穿上記憶合腳的鞋，立刻就自在了。

久違的丸之內線，久違的後樂園，小別的東京巨蛋，以及初次邂逅的一蘭拉麵。屬於二〇〇九年東京的第一個夜晚，沒有認床的生份，床墊軟度與棉被觸感，如長年伴隨入眠的伙伴，於是一夜好眠。

早餐飯糰與 ICHIRO 體育報

竟然被東橫 INN 的早餐飯糰圈粉了！

出發之前，因為有學弟贊助的信用卡積點免費機票，少了「機＋酒」的優惠制約，於是開心在網路瀏覽各種民宿與商務旅館資料，明明想去的是東京，卻連京都、小樽、福岡、仙台也一併神遊了。那是旅行出發之前最迷人也最貪心的前奏，滑鼠在螢幕挪移，按下左鍵連結之後，人也就去了異國。舉凡那些鄰近車站的民宿，台灣人經營的或背包客推薦的，或各部落格圖文兼具的分享，想像自己也拉著行李箱站在小小玄關，脫下鞋子，吃力扛著行李上樓梯，走進網頁圖片的房間，真的在那裡睡了一晚。

各種資訊雜沓互相干擾，多數也僅僅是瀏覽而已，某些旅行住宿的堅持還是很難妥協，最介意有沒有逃生梯，有沒有消防安檢合格，不太計較什麼五星級服務，安心最重要。最後，捨棄原本非常中意的一家民宿，隔音不好是其一，樓梯狹窄是其二，不喜歡在委屈的環境裡失眠，倘若遇到危險還不能立即奔出街道求救，那樣的旅行也太賣命了。

最後選擇池袋北口東橫 INN 的原因，其實是朋友強烈推薦那裡早餐供應的手作飯糰太銷魂了，根本夢幻等級。

因為傳聞中的銷魂飯糰而投宿池袋北口，真是任性的理由，也真的太衝動了！在池袋北口東橫 INN 七樓的第一個清晨醒來，梳洗之後，一邊看日本晨間電視新聞，一邊用鍵盤故障的小筆電上網瀏覽台灣新聞頭條，只離開一天，還不至於生疏，吵來吵去的，仍舊是昨日恩仇。

搭乘電梯下樓，一股米飯香氣在密閉電梯空間裡逐漸填充直到飽和，大口吸氣，那香味就填滿肺部與腸胃，心想，這就是江湖上傳聞已久的飯糰嗎？

這是一家全日本連鎖商務旅館，沒有觀光團，用餐的人卻不少，多數是日本境內的商務客，桌邊擱著公事包，多數是一個人，或者同事兩、三人，男性居多，西裝都很講究，頭髮都是塗抹髮膠細心整理過，如我這樣旅行裝扮的觀光客反而讓人側目。

餐廳吧台裡側，有四位穿著白色襯衫、頭綁著淺綠色頭巾，穿著淺綠色圍裙的女性員工忙進忙出，看起來大約都是二度就業的熟齡模樣。大鍋米飯冒著熱騰騰香氣，現場手作四種口味的飯糰不斷端出來。吧台外側的長桌上面，有一大鍋海帶味噌湯、一壺隨時補充的日本煎茶、三種醃漬醬菜和一大盤馬鈴薯紅蘿蔔沙拉。靠窗的長條桌上，則有全麥麵包和草莓果醬、花生醬與蛋沙拉三種夾心土司，另外還提供現煮咖啡和紅茶。

餐廳牆上有兩張大型海報，一張是「早餐向上宣言」，向客戶宣告自二〇〇九年開始提升早餐品質與多樣選擇，另一張則是體恤地球的「綠色宣言」，強調館內早餐全面提供重複使用的碗筷餐盤與杯子，拒絕一次性丟棄的免洗餐具。我喜歡這種公開宣言的氣魄。

與五星級飯店的自助式早餐比起來，這裡的早餐很有尋常家庭的母親味道。飯糰捏得扎實，米香在口裡蔓延開來，搭配鹹度恰好的味噌湯和紫蘇醃漬的小黃瓜、高麗菜、白蘿蔔醬菜，朋友的推薦果然沒錯，這是相當道地的日式家庭早餐。

軟軟的白土司夾心讓人驚豔，我一直都是個土司不烤焦便無法開心盡興的傢伙，但這軟綿綿的白土司怎麼這般迷人，真是失敬了。全麥麵包硬了些，但很香，嚼勁也好。不知道是蓄勢待發的遊興太過旺盛，還是住宿附送早餐的優惠，相對於吃食價格不低的東京消費而言，若不吃個爽快就太可惜的貪心使然，不但食慾大好，甚至想要帶四個飯糰出門，這樣連午餐都省了。我要帶著溫熱的手作飯糰去打魔鬼了，這不是桃太郎的戲碼嗎？

找了旅館提供的體育報來配飯糰，自熱身賽以來始終打擊不振的 ICHIRO 果然成為大頭條，一朗「イチロー」以第一棒（一番）先發，編輯用的「イチ番 不發」的重口味大標，搭配一張似乎有點狼狽的照片，負責下標的日本編輯毫不手軟呢！

報紙頭版下方三分之一版面，還是有出版社砸下大錢宣傳鈴木一朗的新書廣告，「ICHIRO 頭腦」「ICHIRO 思考」「ICHIRO 哲學」，昨天在水道橋看到的 slogan 又來了，「七十四則 ICHIRO 的發言——心理學徹底分析」！

不管怎樣，男子漢 ICHIRO 就算打擊只有一成三，還是要好好吃早餐啊！鈴木一朗也要跟桃太郎一樣，帶著童話故事裡的阿嬤飯糰去打魔鬼啊！

完全被東橫的飯糰收服，已經決定，往後幾天，無論如何，一定要早起，一定要下樓吃飯糰。

吃過早餐，還沒想到這天究竟要去哪裡，先去了池袋西口公園，坐在公園長椅上，看到一群穿著工作寬褲的建築工人經過，感覺那樣的工作裝扮很帥氣。抬頭看著對街建築上方的大型廣告看板，是我喜歡的明石家秋刀魚代言的啤酒廣告，頭頂上方傳來烏鴉啼聲，那瞬間讓我體會到，東京果真適合一個人旅行，擁擠是保護色，擦身而過的任何人，不會注意到你是一個人。

似乎不是初次造訪的三鷹

原本是為了吉卜力美術館前來，
最後卻以一心尋死的太宰治收尾，
完全在預期之外，
但也無所謂就是了。

二〇〇六年閱讀日本作家新井一二三以中文書寫的《東京迷上車：從橙色中央線出發》之後，內心始終盤算著總有一天，要搭乘中央線列車進行類似日本台看過的那種途中下車的旅行模式。在中央線出生成長的新井，結婚生子之後，也繼續住在鐵道沿線，她說在她的個人地圖上，有一條橙色的橫線條，她所認識的東京就是沿著這條鐵道呈現「細長分布」。據說中央線是出版、影視界與文化工作室密集的地方，新井形容中央線至今依然保留著波希米亞文化氣息。

新井這本書完全沒有旅遊指南的用意，以記憶裡的故事描繪出中央線沿途地景樣貌，十歲的新井跟小阿姨一家人去了房總半島的海水浴場度假之後，一個人從東京車站搭乘中央線回家。雖然內心不安，但是不敢說出口，因為她希望當一個在大人眼中穩當可靠的女孩子，然而，那是她「第一次，一個人」搭乘中央線。

過去我對中央線的印象，就只是一條從山手線環狀線橫向剖開的鐵道，從新宿前往東京、神田、秋葉原和御茶水一帶，可以節省山手線繞圈圈的時程。讀過新井書寫中央線的文章之後，才發現中央線其實是有脾氣的，也不只中央線，每一條鐵道應該都有，過往我每日搭乘的西武池袋線應該也有脾氣，在那沿線居住、就學、通勤、通學的人，慢慢就染上鐵道的脾氣，成為一體。

終於在二〇〇九年三月的一個早晨，決定去搭中央線。避開上班通勤尖峰時段，過了九點半才從旅館出發。室外溫度非常低，但濕度不高，感覺不那麼寒冷。從池袋搭乘 **JR** 環狀山手線到新宿轉乘中央線，不是往右的東京方向，而是往左遠離都心。因為與上班族進城的動線相反，人不多，車廂內的沙發座椅非常舒服，小腿附近有暖氣送風口，看著窗外陽光，竟有風和日麗的溫暖錯覺。

瞧見車窗一個桃紅色方塊標示，才知道進了女性專用車廂。為了防堵尖峰時間出現的電車癡漢，早晨六點五十七分到八點五十六分自「西船橋」發車的班次，於「千葉」到「御茶水」之間，女性專用車廂只允許女性、小學以下的男孩以及身障者進入，其他時間與路段則開放一般乘客自由進出。這讓我想起三年前來東京看經典賽，在地鐵拍到的防治癡漢海報。

這個國家的規矩很多，若沒有十足的容忍度與合群，應該會覺得喘不過氣來。車廂處處可見警語，所有手機都必須設定成「禮貌模式」，只允許震動和傳輸簡訊，甚至在銀色座席的博愛座附近還必須全面關機，因為電磁波對老人、小孩與孕婦的健康有害。看到車廂警語時，一路都在猶豫到底該不該把租借來的手機關機，萬一手機突然響了，應該會很糗吧！

這種「禮貌模式」倘若在台灣推行起來一定有阻力，台灣人太愛自由，討厭被束縛，甚至不介意隱私被同車其他乘客知道。我在台北的公車和捷運上，聽過不少愛情親情的謊言，也有講著手機就開始歇斯底里甚至大哭的例子，坐在旁邊卻要佯裝無事真的很折騰，講手機的人若毫無戒心，旁人只能被迫扛下竊聽的罪，真討厭。

選擇跟進城人潮相反的移動，好處就是往後再聽到星座專家提到水逆時，完全不會介意。不太喜歡人潮擁擠的地方，對眾人一窩蜂熱中的事情也不太有興趣，一直逆著走，即使水逆，走著走著，就順了。

平日早晨，中央線車廂除了列車行進的鐵軌摩擦聲之外，幾乎沒有任何聲音，多數乘客都低頭注視手機小小螢幕，只有我看著窗外的中央線風景，感覺這個三月早晨的寒意，在陽光粉飾之下，有了初夏的錯覺。在車上看書的乘客比例也不像十年前那麼多，又因為是花粉症的季節，多數通勤族都戴著白色口罩，露出一雙眼睛，感覺整個車廂就是一頁推理小說的情境，偶爾聽到手機響起或大聲交談的，約莫都是華文圈的觀光客，台灣、中國或香港。

抵達三鷹車站，站在月台，突然想起過去就讀的日本語學校似乎有個學生寮在附近，這地方應該是來過的。

月台中央出現一座古老斑駁的小巧旋轉鐵梯，順著旋轉梯往上爬似乎可以走上月台頂棚，梯子旁邊是間老舊的休息室，旁邊還有兩個冷暖氣空調室外機，上面掛了一個牌子，寫著「車掌乘繼所」，有可能作為列車司機轉乘休息室之用，因為門窗緊閉，看不出什麼功能，但我真想走上旋轉鐵梯鳥瞰鐵道風景，但遠遠看到工作人員走過來，念頭一縮，還是作罷。畢竟是守規矩的社會，我不是車掌，還是不要輕舉妄動。但隨即又想起，如果可以沿著旋轉梯爬上月台屋頂，看著中央線來來往往，應該是很美的風景。

三鷹算是中央線大站，即使不在通勤巔峰時段，站內來往的人還是很多。去了洗手間，洗手台冷水接近冰點，忍不住放在嘴邊呵氣，後來才發現水龍頭可以調整熱水，真是辜負了車站好意。

出了車站，經由南口通道左轉之後，發現有通往宮崎駿吉卜力美術館的接駁車站牌，排隊等車的小孩子很多，聽說一路沿著玉川上水的散步道非常迷人，有個名字叫做「風之坂散步道」。這早晨雖寒冷，但陽光不錯，索性就不跟孩子們擠接駁車了，打算散步過去。

玉川上水沿岸的建築素樸而美，車庫停著小型轎車，小庭院幾乎都有一到兩部腳踏車。路過的社區小巴士造型可愛彷彿卡通片跑出來的道具，連送貨的宅急便

車掌乗継所

車輛都很迷你。

被稱為無賴派破滅型的日本作家太宰治，生前最後的住所，就在下連雀距離玉川上水不到一百公尺的地方。我初識太宰治的作品是《人間失格》，敘事文筆雖迷人，但覺得此人一心尋死肯定有什麼苦衷。太宰治身上流著青森大地主的血緣，卻憧憬左翼運動，曾經因為煩惱本身的階級問題而在年輕的時候企圖自殺，後來又與有夫之婦的銀座咖啡店侍女相偕自殺，其作品雖入選芥川賞候補卻沒能得獎，又因為無法進入報社工作而企圖自殺未遂，再來又跟初戀女友企圖自殺未遂，接踵而來的女人、藥物、酒，以及不斷嘗試用各種方式與女人相偕自殺的循環，最終仍是選擇和情人以紅繩子綑綁相偕跳玉川上水了結一生。曾說過「活在世上是一連串的折磨」「死亡是最美的藝術」，我雖喜愛太宰治的小說，還不至於憧憬他的人生，現實生活倘若有這樣的朋友或情人，應該會相當苦惱，光是幫他收拾殘局，就滿身瘡痍了。

途經太宰治與情人跳水的地方，在石碑的解說文字之前站了一會兒，此行太匆促，沒有把禪林寺的地圖隨身帶著，否則真該去太宰治的墓前向他致意。倒是路過另一位道德派作家山本有三的紀念館，很漂亮的建築與庭園，那天休館，沒能入內參觀，下次應該好好留一整天空閒，在下連雀和玉川上水一帶好好散步才行，起碼也去看看太宰治酗酒的小酒館和街道才盡興。

抵達吉卜力美術館，看到大隻的龍貓トドロ坐在售票口內側，想必每個人都願意把鈔票遞入窗口買票吧，可是玻璃窗貼了告示，說明真正入口還要往前走，真是令人莞爾的安排。因為在台灣已經先透過東南旅行社買好票，直接去入口處兌換即可。正式票券是一小截動畫底片，我拿到的是「神隱少女」，千尋和爸媽在車上對話那一個cut。

吉卜力美術館內嚴禁攝影，宮崎駿導演的建議是，最美麗的回憶應該留在腦海，而不是留在相片裡。因為無法倚賴相片，刻進腦海的記憶反倒最深邃。

館內有個小型放映廳，可以入內觀賞動畫短片，我看到的內容講述男孩拿到星星的種子，放在花盆灌溉，開出星星的花朵之後，送上天空，再和星星告別。

離開吉卜力美術館之後，走進井之頭公園，慢跑的人很多，早開的櫻花在陽光下亮亮閃閃如進入春天的入場券。經過池畔時，想起日劇《跟我說愛我》的豐川悅司和常盤貴子，還有《LAST FRIENDS》的長澤雅美和上野樹里，兩部戲的場景都是夏天，我對井之頭公園的記憶也是盛夏，以前偶爾會跟宿舍的台灣朋友穿越公園去吉祥寺閒晃，有時候也在公園小徑吃路邊攤。早春寒意凜冽的井之頭公園還是初體驗，看到一個穿著毛料西裝的歐美男士，坐在陽光下的池邊看書，猶如一座雕像。

在公園內的自動販賣機投幣買了一罐 BOSS 熱咖啡，我喜愛的「大人の味」。

午後散步最好的吉祥寺與下北澤

如果可以在這附近生活，
會覺得人生很美好吧！

似乎不用路標指引，從井之頭公園很自然就走入吉祥寺那條充滿波希米亞風味的小巷道，立刻被整個時空情境的海綿吸進去，不自覺就置身其中了。恰好正午的陽光耀眼，那些小店鋪外頭的陶瓷或玻璃器皿，如列隊享受日光浴一樣，又像是宮崎駿動畫走出來的角色，一起快樂過橋去湯婆婆的湯屋泡完湯，躺在屋簷下晾乾之後，再重回仙界。那些服飾店外的碎花長裙多數都飄著神祕香料氣味，店家老闆做生意好像也很隨興，店門敞開著，也無店員看顧，若真的想買什麼東西，也找不到人結帳，那可真尷尬。

眼睛盯著一個掛著「處分價格」手寫紙卡的店外階梯小角落，店家既然想要處分掉了，開價就很豪邁，那些杯碗瓢盆，還有幾隻張嘴可愛的綠色小瓷蛙，看起來都高舉雙手，希望我將它們全部帶走。旅行途中特別容易縱容自己揮霍，很怕這次錯過了，下次也不知道什麼時候再來，內心剎時就出現兩種聲音，激烈爭辯同時也互相說服，買或不買的理由聽起來都很有道理。只是想起行李箱尺寸，最終還是壓抑下來。老闆卻說，歡迎拍照，實在很感謝。

飢腸轆轆，隱約記得網路推薦的咖哩名店就在附近，愣在路中，卻怎麼也想不起店名，只好穿過百貨公司前方的大馬路，鑽進食肆林立的商店街，這下子更貪心了，全都想吃。繞來繞去，進了「松屋」，先在販賣機選好餐點，付錢領食券，交給店員，交易就成了。

店面空間稱不上寬敞，卻很明亮，中間是狹長的ㄇ字型吧台，內側是工作區，外側是一整排圓板凳。店員三人，一人負責洗碗，一人負責備餐，另一人則負責外場，收拾碗筷兼處理外賣。看得出來是日本人擅長的標準 SOP 加盟連鎖模式，三個笑容可掬的女店員撐起一間清潔乾淨的小店。上餐速度俐落而精準，米飯夠香，咖哩很到位。原本店員給我一杯冰開水，倒水的時候，因為冰塊突然飛濺起來，店員連聲抱歉，立刻把那杯冰開水收走，送上新的杯子。

肚子實在太餓了，咖哩又是我喜歡的甜鹹辣黃金比例，來不及拍照，一下子就吃光，躺在空盤子上面的咖哩痕跡像一幅畫作，桌上那些調味罐子又很討喜俏皮，餐後的桌面也充滿趣味，顧不得一旁穿西裝囫圇吞嚥的上班族男子不斷偷看，還是把餐後的杯盤狼藉桌面用數位相機拍攝下來。

日本像這樣的小店很多，乾淨，快速，對單獨用餐的人來說，簡直天堂。吧台排列呈一字型或ㄇ字型，靠門口一座點餐機器完成交易，與店員的交談寒暄都省了。台灣其實對單獨用餐的人不太友善，但香港人就很厲害，跟陌生人併桌都不成問題。

距離晚上的WBC熱身賽還早，就從吉祥寺搭京王私鐵井之頭線到下北澤一帶晃晃。出發之前才讀了野澤尚的小說《深紅》，故事中的那位滅門血案倖存者秋葉奏子就住在下北澤的小公寓，我當然不會期待小說人物走出書頁前來下北澤車站與我相會，但如果遇到類似的人，應該會尾隨身後走一小段路吧！小說成為旅行誘因，我是高度成癮者，為了某個小說虛構人物而去了那個地方，在文字描述的風景裡共處人生一小片段，幾十分鐘、一個小時、或半天，都好。

下北澤車站十分普通，來往年輕人的穿著打扮都很隨興，車站旁邊就有一家大型藥妝店，我對藥妝店充滿好奇，那些黏貼在商品下方的手寫推薦字卡看起來就是充滿心機的詐術，光是打算買來對抗東京乾燥氣候的護手霜，就足夠我蹲在貨架前方研究許久，當然字卡上還會出現新的詞彙，尤其是外來語，就算什麼都沒買，也上了一堂免費的生活實用日語。

這一帶小巷蜿蜒如人體血管那般綿密，走進一家販售歐美食品和調味香料與酒類飲品的店鋪，往深處走，才發現店家提供咖啡豆現烘現磨的服務，咖啡香氣十分撩人，覺得皮膚毛細孔都被咖啡因滲透了。

走入某棟建築二樓的「古著」二手衣店，同一層樓對門是整骨所，冷清清的，沒什麼人。鑽進巷尾一家運動用品店，全部都是高中野球商品，甚至有甲子園明星的應援道具。忍不住猜想那些進進出出的高校生，會不會是日劇《Rookie》的二子玉川高校野球的安仁屋和御子柴，要不然就是安達充的漫畫《H2》的國見比呂和橘英雄，那麼，穿著水手服的女孩，該不會是雨宮雅玲與古賀春華吧！

反正在下北澤就決定這樣了，沒時間壓力，慢慢散步，重複走過的小巷畢竟也看到不同的風景，相隔五分鐘的心境也都各自寫成記憶，喜歡的小店就進去晃晃，感覺很像師大夜市周邊，或永康街，還是台南大學路靠近麥當勞後方的那一整片區域。

有些店面開了小窗口，外賣烤肉串和糯米糰子，也有不少看起來很孤高、很文青、自稱是本格派的咖啡館。小店外頭總有造型獨特的單車，有些單車還真的稀奇到讓人懷疑一坐上去會不會立刻翻車，不知道是真的騎來送貨，還是裝飾用。

巷子走著走著，就會走入住宅區，看到街角仲介商張貼的出租物件，只是站了一下，店內穿著白襯衫的員工立刻起身前來招呼，只好尷尬揮手，表明自己只是路過。

某處轉角出現一間煎餅老鋪，很像日劇男女主角不期而遇的場景。店門口一整排玻璃罐，淺灰銀色的鋁製蓋子看得出歲月紋路，店內天花板垂掛而下的竹籐編製照明燈具，安安靜靜，都成藝術品了。以為沒人顧店，出聲喊人之後才發現櫃台內側有個小窗，老闆掀開小窗布簾，回應一聲，隨即從旁邊的門走出來，是個匠師模樣的老爺爺。我挑了醬油口味與芝麻口味兩種煎餅，老爺爺取出半透明薄紙謹慎折好，恭恭敬敬，雙手奉上，那煎餅後來帶進東京巨蛋當成球賽中場的零嘴，好吃得不得了。

回東橫 INN 之後上網查資料，才知道這煎餅老鋪可不簡單，創業五十餘年，是下北澤有名的玉井屋。

總覺得下次倘若再來東京，應該在那些強調本格派香氣的咖啡館坐一坐，再到玉井屋來買煎餅。但這些旅途之中，心有牽掛的滋味與散步邂逅的小店，往往在心頭堆積著，再訪的承諾囤積久了，就成為思念的負擔。下次再來東京，都不知道能不能如願前來敘舊了。

玉井屋

小別三年 TOKYO DOME

不管滿場與否，
東京巨蛋都有著奇妙的聖殿氣勢。

以前在東京讀書時，同校有位台灣同學在水道橋車站旁邊一家居酒屋打工，有過幾次，陪同學上工，搭乘地鐵到後樂園車站，穿過東京巨蛋前方的遊樂場，與那些趕著進場看球的球迷擦身而過，回程再聽著場內傳來數萬球迷的喊聲，集體發聲的分貝聽起來很魔幻，彷彿來自外太空，尤其東京巨蛋那潔白蛋殼造型一步一步逼近時，會有種外星球體降落地球的錯覺，每每看著夜空，自以為感應到什麼，下一秒哥吉拉就會降臨，隨時都可以噴火。

直到二〇〇六年，報名加入首屆 WBC 亞洲區預賽加油團，初春三月，第一次跟台灣棒球代表隊站在東京巨蛋場內，大聲唱國旗歌，大喊加油，頭一次被滿場四萬多日本球迷包圍，爽快被鈴木一朗領軍的日本隊KO，還親眼目睹陳鏞基的滿貫砲，看他接受賽後Hero Interview時，以機靈反應搏來滿場喝采，那時紅了眼眶的渾身熱血仍然記憶猶新。

雖是棒球加油團，旅行社卻發給團員每人一件毫無設計感、類似候選人的競選背心，也因為報名超出預期，我在出發前並沒有收到那件背心，出發之後也「斷然拒絕」他們積極補貨的各種暗示，那年我堅持穿著千葉羅德隊封王的26號紀念T恤，同行的朋友則是一路穿著松井秀喜的球衣。

初次邂逅巨蛋的觀戰熱情彷彿盛夏炙熱的火焰，頭一次被野球聖地的幸福感圍繞，頭一次在帝王級設施的殿堂裡驚呼連連。當時不曉得基於怎樣的衝動，自己跟自己約定，三年後一定再來，絕對不能爽約。

睽違三年的小別是很恰好的思念，當我從神保町書街，沿著白山通，過了水道橋，一路看著東京巨蛋屋頂逐漸靠近時，突然就激動了起來，好似遠遠就朝著約定碰面的朋友揮手，東京巨蛋，我回來了。

有別於上次跟加油團目標一致的加油聲勢，這次要一人隱身在四萬多個球場座位中，沒有看球夥伴之間的交談，就算喝啤酒吃著燒烤也是一個人的事。我完全可以適應這種被整場觀眾吶喊聲吞噬的情境，如果是冷門比賽也絕對能在空曠座位區築起自己的小城堡，球員的揮棒聲，還有投手的直球或變化球進入捕手手套的聲音，聽起來應該很清楚，而且過癮。反正我不是典型球迷，如果球場獨處也算是種能力的話，我應該有這樣的才能吧，絕對有。

當晚雖然是一場和巨人隊的熱身賽，並非 WBC 正式比賽，不過以東京為大本營的巨人球迷還是很捧場，上層看台雖然沒有開放，但光是下層看台的觀眾人數，目測應該也超過萬人。巨人軍團三壘側與外野應援席，當然是橘色加油道具的重兵區，其他「反巨人軍」的球迷，反倒全數擠到台灣代表隊所在的一壘側。讀賣巨人原本就是日本職棒中央聯盟的豪門球隊，論「邪惡」程度，應該可以跟 MLB 的紐約洋基媲美。於是東京都內的羅德海洋迷、軟體鷹迷、日本火腿迷、橫濱海灣星迷、西武獅迷、東北樂天球迷，甚至是巨人軍死對頭的阪神虎迷，自動集合成為台灣應援團，甚至有幾位激情的大叔忍不住站在椅子上高喊，

「Giants，去死吧！」

TOKYO DOME

東京巨蛋是日本所有巨蛋球場的元祖，比起札幌和福岡巨蛋的科技光鮮花稍，確實是有點年紀了，外野那些看板與看板之間露出的水泥原色甚至已經顯露出老態。幾個醒目大看板贊助商幾乎都沒變，在亞洲職棒大賽被當時的 La new 熊林智勝一轟成名的「埼玉齒科大學」，還有鋒哥直接以全壘打灌頂的「竹中工務店」，現在仍舊高掛在外野的黃金地段。環繞整個巨蛋的廣告看板來自不同行業，甚至連文藝出版社都來贊助，全數瀏覽一圈，起碼要花好幾分鐘。

三年前第一次走進東京巨蛋觀眾席，尚不知道竹中工務店的背景，心想「店」的規模不就是小面積的路邊商號嘛，怎能如此闊氣買下外野最醒目的位置。返家之後上網一查，可不得了，竹中工務店可說是日本巨蛋球場的專家，不但首度以空氣膜構造撐起東京巨蛋屋頂，連福岡巨蛋可以開闔的屋頂構造也是他們的傑作。西元一六一〇年，也就是慶長十五年，由織田信長的家臣竹中藤兵衛正高在名古屋創建，以建造神社佛閣起家，法隆寺與朱雀門都是代表作，到了西元一九〇九年，明治四十二年，正式以「竹中工務店」進軍日本建築營造產業，代表作有東京鐵塔，東京巨蛋、札幌巨蛋、大阪巨蛋、名古屋巨蛋、福岡巨蛋、橫濱國際總合競技場、東京 Midtown。而在台灣高雄，由伊東豐雄建築大師設計的世運主場館，就是由台灣的互助營造與竹中工務店攜手合作。

知道這些了不起的紀錄之後，坐在巨蛋一壘側觀眾席，忍不住對竹中工務店的廣告看板投以敬佩目光，這不只是一家資本額五百億日圓的集團，他們也將環保意識注入建築理念中，譬如東京巨蛋屋頂就有收集雨水的功能，蓄下來的雨水供作馬桶沖水與常備一千噸的消防用水。

做為豪門巨人軍的主場根據地，東京巨蛋占盡都內交通便利的好處，場內巨幅 LED 大螢幕在二〇〇六年當時創下日本國內球場解析度最高的紀錄，在本壘板後方高層看台看著鈴木一朗、松坂大輔、達比修替 WBC 贊助商麥當勞與 Asahi 啤酒拍的廣告，是很賞心悅目的享受。

襯著綠油油人工草皮色澤，出現在外野全壘打牆最耀眼的位置，則是積水ハウス的廣告。「ハウス」是 House 的片假名外來語，初次見到，也是充滿疑惑，會積水的房子誰敢住？

後來才知道積水ハウス（SEKISUI HOUSE）可不簡單，在日本住宅業界算頂

尖，光是二〇〇七年的銷售實績，就有鐵骨造一萬五千多戶，木造三千五百多戶，集合住宅三萬八千多戶，合計超過五萬七千多戶，難怪可以買下全壘打牆最醒目的廣告看板，光是目光追隨著鎮守右外野的鈴木一朗，看他側身接球，或如壁虎一般貼在牆上，帥氣沒收高飛球的身影，整個人如飛簷走壁嵌進廣告看板的宣傳價值，就夠本了。

因為是國際比賽，巨蛋場內的媒體控管十分嚴格，攝影記者一律穿上官方指定背心，還依照背心顏色進行區域管制，一般媒體與轉播協力電視台的出入區域就有不同。文字記者也要配戴臂章，不是入場就能隨機抓觀眾採訪，除非徵得對方同意，否則警衛立刻就會趨前制止。日本球界十分注重買票進場的消費權，所有球場也都詳細規範所謂的「平穩觀戰權」，拿著超過規定尺寸的旗幟擋住其他觀眾視野時，警衛會立刻出面制止，不是拿什麼旗幟的問題，而是侵犯到他人的平穩觀戰權。

看一大群穿著黃色背心的攝影部隊，架起如砲管一樣的長鏡頭，那陣仗猶如豪門球隊一字排開的驚人打線，閃光燈同步亮起時，就會引起場內觀眾的驚呼聲。

不知道有沒有經過特殊篩選，負責賽事安全的警衛部隊，幾乎都是美男，全都是配備齊全，隨時接收耳機指令，還緊盯觀眾席，一旦有脫序的風吹草動就迅速移動，不管是身材還是面孔都很吸睛，感覺是日劇演員來臥底的。

畢竟是美國大聯盟做東的世界級比賽，即使是亞洲區預賽，還是全盤拷貝MLB的球場氣氛，球場播音工作都是字正腔圓的英文，偶爾亮一下洋腔日語，還要負責炒熱氣氛，更有熱情洋溢的背景音樂助興，七局休息時間還要來一段歡樂的美式大合唱，這時大螢幕就出現那位帥氣如好萊塢男星的播音員，拿起麥克風，邊跳邊舞，帶領大家合唱「Take Me Out to the Ball Game」。

大螢幕同步播放歌詞，日本球迷高舉林威助應援布條入鏡時，一壘側觀眾席爆出熱烈掌聲。三年前的首屆賽事由Asahi取得場內獨家啤酒販售，第二屆則是增加了KIRIN和Sapporo進駐，身材嬌小的女孩啤酒部隊真的很敬業，不但抹上粉粉的腮紅，塗了濃濃捲翹的睫毛膏，即使揹著啤酒桶，依然笑容可掬，為了避免擋住其他觀眾視線，都是跪在地上倒啤酒，膝蓋負擔應該不小，往後如果有傷，不知道算不算職業傷害。

為了防範球迷將飲料罐子拋入場內，巨蛋內部販售的啤酒一律採用紙杯，果汁類飲料也全部是鋁箔包裝，如果在場外購買飲料，進場之前必須倒入巨蛋提供的紙杯，這些紙杯也會全數回收。球場走道四處都是綠色回收箱，可以將冰塊先倒入最右側洞口，再把紙杯插入回收位置，吸管與杯蓋則丟入不可燃垃圾的白色回收箱。畢竟鋁罐或玻璃罐一旦從高層看台飛入場內，等同凶器，這點顧慮是能夠理解的。

巨蛋內部提供數量眾多的置物櫃，可以將厚重的大衣外套和背包寄放此處，也就不必攜進場內，畢竟座位空間狹小，遇到滿場的時候，真的沒空間放個人用品。場內也有兒童遊戲室，配置專職工作人員幫忙照料小孩，熱血球迷爸媽就專心去觀戰吧！

推著嬰兒車入場的年輕夫婦其實不少，球場也有隱密乾淨的哺乳室設施。中國與韓國比賽的場次，觀眾不多，外野幾乎一片空曠，走上高層看台之後，看到幾位年輕媽媽推著嬰兒車在走道來來回回，一邊觀戰，一邊唱歌哄小孩入睡。當了媽媽，也可以同時是棒球迷，這樣才對。

和巨人軍的熱身賽，並沒有如賽前預期的一面倒，而是出現兩隊分數互咬的狀況，當天夜間新聞體育評論甚至預估台灣實力可以緊咬日韓，可惜，只有這麼一場，到了正式比賽都打得有氣無力。但不知為何，出了台灣之後，扛下命運共同體的悲願，無論實力如何，無論怎樣被打爆，畢竟是自己家的孩子，比起在國內看比賽的沮喪與氣憤，站在東京巨蛋看台上，根本無暇處理那些負面情緒，只覺得應該要比他們更加勇敢才是。

看球情緒是有些沉澱了，熱情之於我，或許不是輸贏的問題，而是人生的課題。再繼續沉澱下去，就可以超越勝敗，得到棒球另一種養分吧！

後來我總共在東京巨蛋經歷三屆 WBC 賽事，包括二〇一三年那場互有領先，分數緊咬不放，不斷延長，差點遇到「歸宅困難」的台日大戰，當時我一人坐在一壘側，被日本球迷包圍，領先或落後的情緒都要小心藏好，已經分不清楚想要贏球的慾望比較強，還是輸贏快點了斷否則心臟快要負荷不了的無用感比較強，總之勝負抵定之後，發現距離終電還有些時間，原本擔心電車萬一收班，該如何回到池袋北口的難題，總算沒發生。

我在東京巨蛋球場加總起來的觀戰場次，超越在台灣任何一個球場。後來讀了日本作家奧田英朗小說《東京物語》的一段情節，從名古屋來到東京的久雄，獨自搭乘山手線，聽見列車廣播下一站即將抵達水道橋時，發現車廂所有人的目光都朝著同一個方向，「那裡的天空散發出白光，光線驅散了那一區的黑夜」「從大樓間的縫隙，他看到超大的照明燈。霎時，一座巨大的圓缽形建築出現在眼前」，久雄恍然大悟，那就是傳說中的後樂園球場，當天是偶像團體 Candies 最後的告別演唱會。「電車被吸入水道橋月台，門一開，月台一帶嗡~地嚨罩在無以名狀的聲浪中」。當晚久雄邀了好友平野，又重新回到水道橋，前去後樂園球場朝聖。「怎麼樣，很厲害吧?」「真的很厲害，裡面有多少人?」「據說有五萬人。」「你說有五萬個呆子聚在這裡啊?」「嗯，對啊!」

後樂園球場是東京巨蛋的前身，我讀到這段文字時，完全可以體會久雄所描述的「驅散黑夜的白光」，以及「電車被吸入月台之後，嚨罩在無以名狀的聲浪中」究竟是怎麼一回事。至於，接近五萬個呆子聚在一起的經驗，不只是久雄跟平野的後樂園球場時代經歷過，後來的東京巨蛋，我也幾度身歷其境啊!

他鄉故鄉江古田

這一年的江古田車站正在整修，
預計平成廿三年完工，
而今平成早就落幕，
已然是令和了。

從一九九三年早春櫻花盛開時節，直到一九九四年花粉重新喧鬧的四月天，我在江古田這個距離池袋只有三站的小市町生活了一年。自早春凜冽的寒意，盛夏熱帶夜偶爾帶著涼沁的晚風，深秋路樹染過風霜的赭紅，還有初次邂逅的降雪冬景，恰好四季一個輪迴，以櫻花開始，再以櫻花結束。

東京都練馬區豐玉上一丁目一番地六號。

語言學校註冊資料標示的東京學生寮地址，在網路還不普及的年代，僅能隔海想像地圖的一個小黑點。謹慎用平假名標上地址的讀法，反覆誦讀無數次，直到流利順口。彷彿在人生歷程釘了一個木頭門牌，那裡就是東京的家了。

必須搭乘西武池袋線，必須是各站停車的普通列車，從熱鬧的池袋過來，經由椎名町、東長崎，只要幾分鐘，池袋的喧鬧隨即卸下。倘若鐵道一路往下，會經過櫻台、練馬、所沢、小手指、西武球場，最遠可以連結秩父鐵道，感覺是很遙遠的地方。鐵道沿線風景幾乎類似，約莫兩層樓的獨棟建築，有小型美容院、整骨所、鄰近車站一定有條商店街，西武集團所屬的房地產、遊樂園、超市、百貨公司、書店、西武巨蛋，全部靠這條鐵道進出。我活在西武集團創辦人堤義明的帝國版圖裡，逃不出這個財團食物鏈的魔掌。

他鄉有了故鄉的生活痕跡，小巷小弄變成日昇日落真實醒來睡去之間遊走的所在。往後再來到東京，就不是旅人，而是歸人，無論如何都要返回江古田，大約花上半天時間，以學生寮所在的建築為軸心繞圈圈，那是跟過去的自己重逢與對話的儀式。偶有幾次，明明都在池袋了，礙於同行友人另有玩樂目標，也就獨自搭乘電車，匆匆瀏覽車站周邊的商店街，再小跑步到學生寮前方佇立幾秒鐘，總覺得負心又愧疚，那樣匆促重逢，根本是薄情。

二〇〇九年三月三日。天氣陰冷，偶爾有奢侈的陽光出現，瞬間又躲進雲層裡。我離開池袋北口東橫INN，沿著色情風俗店林立的鬧區人行道走往車站，清晨烏鴉啼聲特別響亮，夜裡這一帶被酒精催熟的潦倒氣味，早就被那些穿著風衣的上班族洗滌過了。這真是個詭異的民族，吃喝玩樂與工作都那麼盡力。

從車站北口東武集團勢力範圍，穿越地下通道，經由JR與地下鐵的人潮擁擠區，一路往東口走，過了PARCO，來到西武百貨，西武池袋線改札票口在前方招手。我獨自逆走，面對洶湧入城的上班人潮，撲鼻而來的盡是髮油與古龍水氣味，還有衣角拂過的起床氣。

西武池袋線普通列車仍舊是暖洋洋的鮮黃色澤，刻意走到最前方車廂，空蕩蕩的鮮橘色沙發座椅，金屬感的車廂內裝。那些自車廂頂部垂墜而下、跟隨車廂晃動而搖擺的當期週刊誌宣傳海報，頻繁替換並瓜分通勤者的目光，十數年前，我就擠在車廂內，看著西武強投郭泰源的完投完封速報在車行律動中搖來晃去，每日療癒如我這樣的異鄉人鄉愁，進城出城，不至於太過寂寞。

每次搭上西武池袋線重返江古田，好像回頭小碎步跨過歲月十數年，這感覺猶如放映機快速倒轉，所謂小說或戲劇的穿越時空磁場，應該就類似這樣吧！

江古田車站正在整修，預計平成廿三年完工的新站願景大型工事看板成為月台工程圍籬的一部分，對乘客在月台行進的路線都沒有形成干擾。日本人在工事進行中的行人安全維護這方面向來設想周全，這點是讓人敬佩的。

在月台站了一會兒，看著南口與北口鐵道沿線的屋頂天際線，似乎沒什麼改變，倒是鐵道旁一些熟悉的店家換了招牌，或緊閉店門，市況不好，應該也有影響。

照例從南口出來，站前的中型購物中心 PePe 依然營業中，以前在那裏買過睡衣和毛巾涼被帶回台灣。這時候還早，大部分店家都還在準備中，車站正對面的麥當勞還在，麥當勞是這次 WBC 主要贊助商，鈴木一朗、達比修和松坂大輔的大型海報貼在店門口，倘若點 WBC 限定套餐，可以隨機獲贈日本代表隊的 L 型文件夾，因為沒有把握可以拿到喜歡的球員，在海報前方掙扎了一陣子，決定放棄。

お志ど里
DA PROME
江古田銀座
定食
氷

以往在車站南口有兩個公共電話亭，九〇年代初期，網路通訊還未普及，打國際電話也只能找金色面板的公用話機才行。那時還販售一千日圓的電話卡，我蒐集了兩大本，當作寶物。後來太多中東人販售偽造卡，NTT 賠了不少錢，往後因為網路通訊逐漸普及，手機漫遊也不是什麼奢華消費，車站旁的公共電話亭不曉得什麼時候撤走了。

走進站前商店街的小支線，某些老店仍舊硬挺挺地堅持營生，竹島書店就是其中一間。以前下課總會在那裡看雜誌，買週刊誌《Tokyo Walker》，偶爾也買《女性自身》這種八卦雜誌，以那時的日文閱讀程度而言，還不算吃力。

但我喜愛的夾娃娃機 Game Center 不見了，小型美容院變多了，靠近平交道的中型書店變成藥妝百貨，一間咖哩豬排店門口停一輛時髦的外送小機車。位在商店街的旭丘郵便局經過整修，已經不是以前的樣子了，在沒有網路和手機通訊的時代，郵局是和故鄉親友聯繫的渡口，我常在這裡交寄航空郵件與包裹，甚至連那幾位郵局行員的臉孔都還有印象。

出了商店街，左側的三菱銀行早就被併購好幾手了，招牌變成「三菱東京 UFJ

銀行」。右側的 Mr. Donuts 進軍台灣初期變成排隊名店，可是這裡的店卻顯得優雅靜好，可以從容挑個靠窗座位，點一個肉桂口味甜甜圈，加上一杯熱咖啡，就能充當早餐或下午茶，靠窗位子甚至可以看到當初作為學生寮的二樓木造屋頂。

往學生寮的方向走，大型木材工廠還在，行經此處，總有撲鼻的木頭香氣，那建築也夠古意，應該有點年紀了，倘若不是昭和就是大正營業至今。木材工廠旁邊的美容院也還在，甚至那家神祕的割烹料理小店也沒遷走，一直以來，都欠缺勇氣推開門簾，真的很想知道老闆擅長什麼菜色。

學生寮對面的 7-ELEVEN 仍舊光鮮明亮，過去我常穿著拖鞋奔跑過街，買鮮奶、買優格、買 BOSS 罐裝咖啡、買梅子口味的三角飯糰。我依舊走入店內，聽著自動門開啟的叮咚聲，站在雜誌架前方翻閱當期的《女性自身》與《Tokyo Walker》，想像二十代的自己，從玻璃門外經過。

從 7-ELEVEN 望著對街的兩層樓獨棟木造建築，內心湧現山水重逢的悸動。二樓左側第二個窗戶，大約跟路中央那個限速四十的交通號誌同樣的高度，室內五帖榻榻米不到的房間，我和新加坡室友共享的上下床鋪，那時我經常開窗看著7-ELEVEN溫暖的燈光，聽著自動門開啟的叮咚聲，某個清晨醒來發現玻璃窗外的深咖啡色窗台竟然折射出耀眼的白光，打開窗戶，才知道前一晚下了一整夜大雪。窗戶前方有室友撿來的電視機，我曾經躺在上層床鋪，看了一整個球季的職業足球 J-League，那時最愛「川崎ベルティー」。

建築一樓左側是廚房，右側二樓的小陽台是曬衣場。有一陣子出現內衣癡漢，就是從屋外樓梯爬上二樓曬衣場偷竊，樓友甚至說她們聽過癡漢撥動衣架的聲音。

停車場有一部紅色小型車，看起來，這棟建築已經不是學校承租的宿舍了，而我是肩上馱著回憶的偷窺狂。

學生寮旁邊的三德生鮮超市還在，斜角對街賣酒的、賣香菸的、投幣式洗衣店，還有多走幾步路的乾洗店也還在。看到這些熟悉的店家，彷彿多年之後與老友重逢，他們仍舊元氣滿滿，人生絲毫不懈怠。

我並未沿著馬路往地下鐵大江戶線的新江古田車站方向走，反而重新回到西武江古田車站，往北口的方向，探視傳統市場和另一個大型超市，在那裡買了小罐包裝的啤酒，再繞到江古田齋場附近，鄰近店家開始飄來備餐的柴魚香氣，我想起那一年經常光顧的南口「洋庖丁」和「長崎チャンポン拉麵」，現在已經不在了。

原本打算搭公車沿著千川通到新宿，那一路會經過學習院大學和田中角榮故居以及鬼子母神，昔日的通學路線有太多美好記憶，這十數年之間經常入夢來，但是拿捏午後開打的台灣與西武隊熱身賽，時間似乎很緊迫，何況還想去新宿東口晃一晃，「下次吧，下次吧」，在內心對著自己吶喊，下次再來敘舊吧！

重新回到江古田車站月台，突然想起「一期一會」的說法，江古田一年的生活，就算有機會重來一遍，也無法那般閃閃發亮了。

多年以後，學生寮對面的 **7-ELEVEN** 歇業了，北口的江古田菜市場與大型超市消失了。每一次回江古田，等同於跟過去的青春一一說再見。

可不可以來去川越住一晚

毫無準備的有勇無謀小旅行，
去了原本也沒打算去的地方。

二〇〇九年三月四日，一趟預期之外的行程，事前毫無準備，完全是友人慫恿，誘因是江戶時代「城下町」這三個字，對我而言，那就是讓人衝動的關鍵字，有勇無謀，衝了就是。

往川越方面的鐵道有西武、JR和東武，友人推薦東武「小江戶川越クーポン」（Coupon），池袋來回電車，加上川越市內東武巴士不限次數搭乘，合計日幣一〇二〇日圓。購買coupon的時候遇到一位東武車站的頑固老爹售票員，堅持一張一張販售，一張一張算錢。我看老爹的脾氣很硬，就耐住性子等他把coupon折好，鈔票零錢一一點清，不知不覺，被他謹慎的態度給說服了。何必那麼趕，明明可以慢慢等待世界一秒一秒經過，這樣不是挺好的。

川越位在東京左上方的埼玉縣，是縣境內僅次於埼玉市與川口市，和所沢市在伯仲之間的第四大城市。屬於江戶時代「川越藩」的城下町，有「小江戶」之稱。其實日本各地有許多「小江戶」「小京都」，往往是穿越時空磁場的散步首選，時不時就會有時代劇演員從街角衝出來喊殺喊打的錯覺。過去我常想規畫一趟千葉香取市佐原的小江戶之旅卻無法如願，這次陰錯陽差來到川越，也算是開啟小江戶散策的序幕。但我後來真的去了千葉佐原，路途遙遠，還迷路，被車站對面的觀光案內所工作人員關照，「一個人真的沒問題嗎？」

從池袋搭乘特急列車，約莫半個小時就抵達川越。車站大樓內有百貨公司，還有星巴克，感覺和所謂的江戶時代氛圍相去甚遠。原本打算在車站前方巴士站搭乘東武巴士往喜多院，但是看著西武巴士一班一班經過，查詢站牌時刻表才發現東武巴士平日班距要一個多小時，索性就散步往中院和喜多院的方向走。內心突然想到，或許是背叛了西武創辦人堤義明的下場吧！

離開車站周邊的繁華區，才幾個路口就進入住宅區，幾乎都是獨門獨院的房子，庭園造景與維護都相當用心，房舍旁邊又有耕作農田，氣溫雖然很低，但空氣清甜，行走其中也不覺疲累，反而覺得筋骨都放鬆了，想像自己就是在地住民，正要去市場買當日午餐的蔬果食材。

街景唯一讓人感覺突兀的地方，竟是選舉海報。當時已經欲振乏力的首相麻生太郎，為挽救市況與自民黨選情，在海報之中似乎是青筋暴露，大聲疾呼的模樣，海報文案寫著：「首先，就是景氣啊！」「由麻生自民黨開始行動吧！」以川越為大本營的議員參選人中野清的政見口號則是「現場主義」，看起來應該是中野支持者的屋主，將海報貼滿整座房舍外部，變成醒目的海報牆。但選舉宣傳僅限於默默貼在指定位置的海報，還不至於造成街景混亂。

那年八月的大選之後，日本政壇經歷板塊移動，麻生首相下台，自民黨淪為在野，回想當時在川越看到海報的時空情境，呼喊「現場主義」的中野清也在選舉之中敗給民主黨提名的小宮山泰子。當時在川越拍下的照片，也算是幫麻生首相與曾經入閣擔任政務官的中野先生留下選戰努力過的痕跡了，

麻生後來在政壇翻身，自二〇一二年進入自民黨的安倍第二次內閣，直到二〇

二〇年擔任副總理，都是安倍內閣重要人物，即便安倍卸任，仍留任副總理、財務大臣兼金融擔當大臣，是極為親台的政治家。麻生是號稱「明治維新三傑」之一的薩摩藩武士大久保利通的後代，外祖父是日本重要外交官吉田茂，妹妹則嫁給明仁天皇堂弟寬仁親王。麻生在日本政壇屬於毒舌派，每次看到他出現在媒體鏡頭的發言，都會忍不住想起那年在川越看到的海報，「首先，就是景氣啊！」

川越地區在戰時躲過戰火侵襲，許多寺院得以完整保存下來。由於不是假日，中院和喜多院多了靜謐和神祕感，只偶遇一群類似老人會的旅遊團，和三位結伴出遊的老爺爺老奶奶。我在喜多院旁邊的小攤子，買了一盅溫熱的清酒和一串碳烤糯米糰子，滋味非常棒，稍稍驅走低溫寒意。

寺院的雕刻佛像幾乎保持單一原色，不像台灣寺廟佛像的色彩繽紛。喜多院有五百羅漢，據說每尊羅漢的面容表情都不同，我只在園外張望，沒有買票入內參拜，倒是在喜多院不遠處的交叉路口，遇到一群騎單車的高校生，狀似野球部學生，與他們擦身而過時，彷彿走入野球動漫的場景。

一路維持著隨興散步的節奏，也沒有特別目的地，僅僅在路口轉角參考一下地圖，就默記著該在哪裡轉彎，或乾脆直走，見到有意思的小店就停下來，沒有時間壓迫感，與其說是旅遊，應該比較像閒晃。經過一家鰻魚料理名店，店外聞得到燒烤香氣，可惜那時還未到中飯時間，肚子也還不餓，就直接朝著老街走。

川越之所以有「小江戶」之稱，在於保留江戶時期的古建築特色，早在享保五年（西元一七二〇年）幕府就強烈推動耐火建築「蔵造り」，以厚達三十公分的牆壁，做為江戶商家的建物標準。明治二十六年（西元一八九三年）川越曾經發生大火，市街建築幾乎毀了三分之一，只有這類耐火建築留存下來，商家也因此建立強大的防火意識。川越街道曾經有一百多幢蔵造り，目前保存三十餘幢，歷史最久遠的是寬政四年（西元一七九二年）興建的「大沢家住宅」，已經被指定為國家重要文化財。

越接近蔵造り集中的路段，就越是感覺街景出現時間翻轉的微小震動，深黑色鬼瓦營造出氣勢不凡的江戶特質，走著走著，自己好像成為時空旅人，若不是喧鬧人聲與路人的現代裝扮，還有手機鈴聲與數位相機的喀擦聲將時空拉回來，還真的以為走進江戶時期。

菓子屋、傳統漬物、燒烤煎餅、甘納豆。行經十字路口一家「まめ屋」，店家毫不吝嗇讓客人試吃，各色豆子不同滋味，貌似台灣零嘴脆菓子。買了哇沙米、美乃滋和花生粉末口味，往後幾天夜裡，在東橫INN配啤酒看夜間新聞，一個人就吃光了，沒能成為返國的伴手禮。

坐在煎餅店吃餅時，發現對面有間老郵局，舉起相機拍照時，恰好一位郵差走出來，似乎在等郵局車子停靠，入鏡之後，成為應景的人形。

川越市內有西武、東武、和市營的循環小巴士，造型相當可愛，輪椅也可以上車，看得出來交通設施的用心。

老街拐個彎，有一座約莫三層樓高，十六公尺木造的「時の鐘」，每天固定於六、十二、十五、十八時敲鐘。這座鐘台最早於四百年前由當時的藩主酒井忠勝下令建造，經歷數度火災燒毀，目前見到的是第四代鐘樓，建於明治二十六年大火之後，其美麗的鐘響音色，在平成八年（西元一九九六年）由環境省評選為「日本音の風景一百選」。

在鐘樓對面的手作烏龍麵店用餐，價格平實，分量足夠，湯頭清淡，烏龍麵嚼勁有手打的質感。

午飯之後，川越開始飄起小雨，氣溫也驟降，不知為何，竟然少了繼續逛「菓子橫丁」的興致，想要趁著雨勢變大以前，撐傘走到冰川神社。雨中的川越街道，霧氣慢慢湧上來，浮現神祕的時代氣味。走進冰川神社大型鳥居，剛好是雨勢最大的時候，瞧見神社主殿內，一個穿著西裝的上班族坐在椅子上，似乎等待改運之類的儀式。整座神社靜悄悄，除了雨滴打在綠樹草叢的聲響之外，幾乎聽不到別的聲音。神社長廊亮起一整排燈火，成為午後冰川神社最寧靜的風景。

在冰川神社鳥居對面搭上東武巴士返回川越車站，車內許多中學生，青春滿載，有置身日本純愛電影的錯覺。

川越，我記在心裡了。在觀光團尚未大舉進攻之前，實在是一個適合散步、發呆、讓時間靜靜滑過的地方。走在百姓人家的小巷弄，站在小庭院外頭，竟然幻想自己是《來去鄉下住一晚》的節目來賓，在天色越來越暗、氣溫越來越低的黃昏，隨機按電鈴，小心翼翼探詢，可以讓我住一晚嗎？

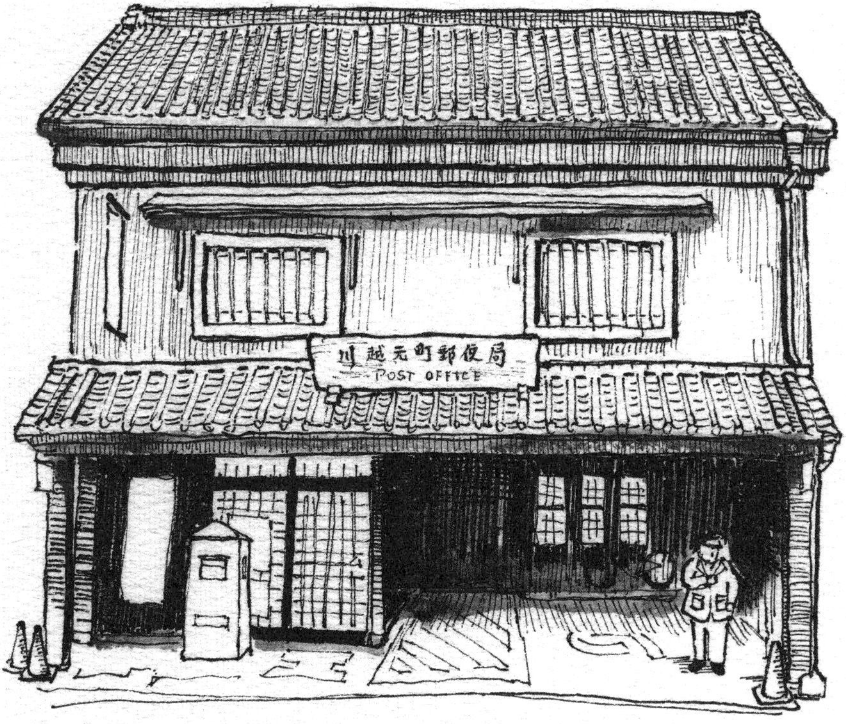
川越元町郵便局
POST OFFICE

漫步本鄉三丁目

遍尋不著的卡拉OK小店，
安田講堂，
與五百九十日圓的散壽司飯。

二〇〇九年三月五日，氣溫約莫攝氏八度，有稍許陽光，極度乾燥。從池袋搭乘地鐵丸之內線來到本鄉三丁目，仗著記憶中的大概方位，從站前出口行經一家漢堡速食店，隱約記得在那速食店旁邊應該有間小型卡拉OK，以前跟朋友在那裡唱過歌。但商店林立的街景，除了盤錯的電線與招牌之外，只剩下「啊～～啊～～」不斷清喉嚨開嗓的烏鴉叫聲，嘲笑我這記憶不牢靠的異邦人，除了愣在路邊，什麼也做不了。

東京或許足夠讓許多禁得起歲月淬鍊的歷史老店留存下來，另一方面，以經濟景氣汰換街景的速度亦是毫不留情。一間小小的卡拉 OK 店恐怕是沒能挺過這十五年的折磨，等待如我這般念舊的人回來山水重逢，不要說卡拉 OK 店了，就連當時熟悉的東京大學方向，都搞不清楚。

仔細研究人行道旁的地圖看板，確認東京大學赤門方向之後，穿過十字路口，一路將十五年前在這一帶遊走的記憶撿拾起來，慢慢就看到熟悉的風景了。

最早來到本鄉三丁目，是台灣同鄉會兩位慶應大學研究生 C 君跟 L 君牽的線，初來乍到日本沒多久，就被拉來本鄉三丁目一幢古老的學生寮與東大學生交流。C 君騎腳踏車到車站帶路，我記得那天他穿一件深色長大衣，看起來很帥氣。隱身巷弄深處的學生寮陳舊如鬼屋，彷彿是漫畫《好小子》會出現的建築，木頭地板嘎嘎作響，樓梯發出即將解體的摩擦窸窣聲，仔細凝視牆壁紋路，彷彿可以接收到靈界密碼，幾秒鐘之後，就會走出明治大正時期的鬼魂向你咧嘴一笑。

幾個東大學生的房間都亂到一種神人境界，書籍雜物堆疊，腳趾一勾大約就能讓那幾座書與雜物的小山產生類似土石流的災情。問他們可有空間躺下來睡覺，他們聳肩，說任何地方都可以。這些人往後倘若不是政府官僚就是研究學者或是社會菁英，後來聽說類似那樣的老舊宿舍，向來都是頂尖學生經過嚴格考核才能傳承入住。當時熟識的東大研究生梅本孝後來還充當嚮導，帶一群台灣學生去淺草參與祭典，往後我寫長篇小說，還將梅本孝寫入其中一個角色，成為破案的關鍵人物。後來拜網路搜尋之賜，得知這位長相類似卡通《哆啦A夢》小主人大雄的關西人，已經是靜岡產業大學和大東文化大學的準教授，專攻「認知言語學」，還出版過不少托福和英語教材。

當年一起去跟東大學生交流的，還有後來成為台灣文學界備受推崇的作家賴香吟。當時的手寫通訊錄還留著賴香吟與C君與L君在東京租屋處的電話，只是後來幾年都沒有聯繫，對方恐怕也不記得這些微小瑣事了。經過很多年，C君成為台灣金控集團高層幹部，L君辭去日商銀行的工作，回台參選立委，可惜沒選上。

東大周邊瀰漫一股書本紙張纖維的氣味，建築多是老式木造平房，咖啡喫茶店有類似學者的硬脾氣，從面街的琥珀色玻璃門往裡瞧，店內好像不禁菸，吞雲吐霧的客人不少。那些古書店根本活脫脫是歷史走出來的藏寶洞穴，專供學生消費的便當店價位顯得和藹可親，我內心盤算著，東大校園走一圈之後，乾脆買便當坐在路邊長凳子，邊曬太陽邊飽餐，或鑽進巷子小公園野餐也好。不過室外溫度還是讓人哆嗦，這想法也就立即拂去。

臨街望向東大赤門，雲層恰好透出天光，黑色屋瓦剎時劈出一道道如魚鱗般銳利的光澤。建於文政十年（西元一八二七年）的赤門，已經列入國家重要文化財，原本是加賀藩第十三代藩主前田齊泰迎娶第十一代將軍德川家齊的第二十一女溶姬時所建，作為加賀藩在江戶上屋敷的御守殿門。明治維新之後，東京醫學校遷到本鄉，往後跟東京開成學校合併為東京大學，赤門就成為醫學部大門，名氣甚至比另一側東大正門還要響亮。

本鄉校區的原有建築多數毀於大正十二年（西元一九二三年）發生的關東大地震，震災之後由當時的工學部教授內田祥三主導校園重建計畫，從正門到安田講堂之間的「銀杏並木道」成為本鄉校區的象徵景觀。

穿過赤門，往正門的方向慢慢散步，發現古老建築旁邊停了一部奇特的大車子，正對著「圖書館電子化部門情報基盤中心」的拱門入口，幾個穿著白色工作服的人員進進出出，我站在大樹旁邊觀察了好一下子，總算清楚那是「紙材開發公司」外派的機密文件碎紙服務。古老學校的圖書館電子化之後，也許某些文書需要碎斷處理，與其校方自己編預算買機器，還不如包給專業外派來得省事，日本這個注重分工與派遣的社會，類似這樣的服務還真是強大。

往安田講堂的銀杏並木道入口處，立起好幾座長條型告示，飄逸的書法體寫著幾位退休教授的最終講課訊息，那氣勢真是磅礡，對教育者的長年奉獻展現了誠意敬意十足的感謝。

銀杏並木道盡頭的安田講堂時鐘顯示時間為九點五十分，空氣凜冽，寒氣凍結在過往某一個時間點。

安田講堂正式名稱為東京大學大講堂，最初由安田財閥創始人安田善次郎匿名捐贈，為紀念在神奈川大磯別墅被右翼份子暗殺的安田善次郎，一般都以安田講堂稱呼。自大正十年（西元一九二一年）開工，歷經關東大地震停工，一九二五年正式竣工啟用。

安田講堂之所以在歷史上留名，起源於昭和四十三年（西元一九六八年）東大鬥爭事件，一開始是因為醫學部學生抗議實習醫生登錄制度不合理而開始罷課，醫學部有部分學生受到處分，引發醫學部「全學共鬥會議委員」阻擋當時的畢業典禮舉行，後來演變成占領安田講堂事件，最終由政府出動一千兩百名機動隊強制驅離，結果引發各學部串聯的罷課行動，最後演變成十個學部無限期停課的嚴重情形，校園全面封鎖，造成隔年的招生考試中止，入學人數掛零。最後還是由校方請求政府出動機動部隊進駐學校，與學生在安田講堂展開激烈對峙和驅散，從此之後，安田講堂處於荒廢的閉鎖狀態，直到一九八八年至一九九四年間，接受富士銀行與舊安田財閥的相關企業捐助，陸續進行改修工程才重新開啟，一九九一年的畢業典禮就在充滿歷史記憶的安田講堂舉行。

我沿著銀杏並木道緩緩走向安田講堂，想像當時占據講堂的學生與機動部隊對峙的畫面，據說文學家三島由紀夫曾經撰文聲援。我低頭瞧見標示著「東大」「帝大下水」的水溝蓋，對這個古老學校的身世與身骨，不自覺渾身一震，手臂浮出悸動的雞皮疙瘩。

往「三四郎池」方向的綠樹底下，出現一座銅製雕像，雕像人物自在蹺腳，右手拄著下巴，那模樣真是有趣，忍不住趨前和雕像相望。台灣四處佇立的雕像大多是蔣介石和孫中山，台南還有鄭成功，多數都站得直挺挺，要不然就是揮手的親民愛民慈祥狀。往往因為年代久遠，台灣夏天又炎熱，看那些雕像穿著厚大衣或長袍，硬挺挺站了大半世紀，應該也中暑了吧，揮手姿勢也夠累人，不若東大校園這座雕像，樹蔭底下涼沁舒爽，又有綠意盎然的芬多精，坐姿愜意，面帶微笑，索性我就坐在雕像旁邊的石椅子跟他眼神交流，順便拿出口袋裡的小筆記本抄寫這個雕像人物的生平。

銅像建於明治七年（西元一九三三年），紀念曾經擔任東京大學總長的濱尾新（一八四九～一九二五年）。濱尾先生是明治、大正時期的教育行政家，是出生於江戶藩邸的但馬國豐岡藩士之子，慶應義塾畢業之後進入文部省工作，西元一八七三年渡歐留學，後來成為第三代的帝國大學（今東京大學）總長，任內促成「講座制大學教授會自治」，一八九七年擔任文部大臣，一九〇五年回任第八代東京帝大總長，後來受封為男爵。濱尾新的養子濱尾四郎是大正時期非常活躍的律師兼推理小說作家。

坐在雕像旁邊，拿著小筆記本塗塗寫寫，午前的東大校園凍結了旅行的時空流轉，倘若是夏天，或許會想要躺下來睡一覺也不一定。

重新繞回赤門，過街找了一家號稱產地直送的「まぐろ市場」連鎖店，店內座位布局猶如迴轉壽司那樣的狹長圓弧狀，店員在中間穿梭遞送茶水紙巾和餐點，我點了單品海鮮ちらし丼，分量充足，價位也才日幣五百九十日圓，很實惠的學生價格。

吃過午餐，在路旁自動販賣機投幣買了BOSS罐裝咖啡，依舊是「大人の味」，罐子溫熱，握在手中，彷彿懷爐。

踱步走進小巷，試圖尋找當時梅本孝等一批東京帝大怪傑住宿的學生寮，記得那附近有一家咖哩飯，老闆娘是個和氣的阿姨。但巷弄繞來繞去，完全找不到線索，倒是路過百年旅館「鳳明館」和「本鄉菊富士HOTEL」，看地圖標示，據說附近還有詩人與童話作家宮沢賢治在大正十年從岩手縣上京時的舊居遺跡。

在赤門正對面發現一個紀念石碑，「天上大風～～東京大學戰歿同窗生之碑」。在那個戰爭歲月裡從此一去不回的年輕學子，倘若魂魄回到此地，看著後輩來來往往，不知何種心情？往後我再回到本鄉三丁目，總會來到石碑前靜默幾分鐘，人類不要再愚蠢到發動戰爭了，任何形式的戰爭都不要。

緩緩在本鄉小巷弄裡行走，偶遇幾個住民模樣的婦女在圍牆旁邊閒聊，幻想自己就是此地矮牆舊屋走出來的本地人，這麼一想，內心十分歡喜。

走回大馬路，行經郵局門口，午後陽光亮閃閃，已經掉漆的古老郵筒上方有同樣斑駁的小型藝術品，幾個雕塑人形高舉地球，往昔也許靠郵便連結世界，現在靠網路了吧！但想起小時候哈馬星外婆也說郵局叫做「郵便局」，多年之後才知道是台灣話的日文外來語。

就在本鄉三丁目的郵局人行道旁，發現一個史蹟案內圖，內容是當時五千日圓紙鈔人物、明治時期文學才女樋口一葉生前在此地居住的圖文說明，猶如命運紅線般，吸引我在看板前方停下腳步，隨後按圖走進巷弄之內，站在一葉文章裡面曾經描述過的小觀音堂與汲水的井戶旁，開始對這位早凋如櫻花剎那綻放的才女一生，產生追蹤的意念，促成另日前往三輪「一葉紀念館」的意外行程，那又是另一個半天的小旅行了。

鳳明館

神保町エリカ・陽子的模樣

只是想去過過陽子的人生，
短暫一個午後就好。

看過侯孝賢的電影《珈琲時光》之後，內心其實留了一個位子給女主角「陽子」。自己看電影的脾氣往往是這樣，看似微小卻相對巨大的感動，彷彿內心某種孤寂的壓抑被理解了，於是借位主角的企圖就相對濃烈。我跟自己約定，總有一天要去神保町，狀似恰巧路過，卻是用盡心思，一定要路過誠心堂書店，即使現實世界沒有淺野忠信那樣的書店老闆也無所謂，還有，一定要去エリカ（ERICA）咖啡，一定要坐在跟陽子同樣的位子，逆光裡的剪影絕對要低頭，如陽子那樣握筆寫字，因為寫字的姿勢與電影情節的陽子最匹配。

行前在網路費了一番功夫搜尋，「エリカ」變成一小個紅色橢圓座標，埋伏在日文 Yahoo 地圖的神田白山通一帶，我將「千代田區神田神保町一丁目三十二」

的地址寫在隨身攜帶的硬皮記事本，站在神保町車站四號出口的剎那間，實體街道和來往行人徹底打亂了腦海裡的網路地圖座標，我在那附近如鬼打牆一樣來來去去，不但錯過了誠心堂，還忍不住懷疑エリカ那間小小的喫茶店，會不會只是電影場景，根本不是街角飄來咖啡香氣的實體店面。

開始有點焦躁，對自己發了一頓不小的脾氣。最後也只能耐住性子認真研究街邊地圖，搞清楚日本地址編排規矩，在硬皮記事本簡單畫出方位，循著巷弄指標，有把握這次一定不會出錯。

重新回到神保町車站四號出口，走斑馬線過街，看到藥妝店「KIMURAYA」鮮紅色招牌立刻左轉，沿著白山通，經過LAWSON便利商店，右轉走進「ミツワ自動車」和「TOYOTA レンタカー」中間的小巷子，終於發現躲藏在巷弄內的鵝黃色招牌，遠遠看到招牌那幾個字，彷彿觸電，直覺那就是「エリカ」。

站在「エリカ」對面建築的牆邊陰影處張望，透過毛玻璃，看見店內模糊人影晃動。店外有一部香菸自動販賣機，窗邊並排幾部腳踏車。正午的陽光，神保町的氣味，只要一伸手就能觸及電影膠卷與時間折舊的磁軌，我是闖入陽子人生的時間旅人，也不算是太過艱鉅坎坷的重逢，卻很想蹲下來摀著臉小聲啜泣，不是悲傷的那種，而是歡喜。

我很少一個人走進陌生的咖啡館，何況眼前的「エリカ」這樣夢幻，一點都不真實。會不會推開咖啡店木門瞬間，神保町的時空就會翻轉解體，我因此走入電影場景，看見陽子坐在裡面，靠窗的位子。

終究還是趨前推開門，屋內的暖氣與咖啡香氣，彷彿一個等待在時空迴廊的寬厚臂膀，一把將我抱住。

室內空間比想像中還要狹小，昭和風味的木頭桌椅，八張桌子，吧台有四個座位，牆上有兩幅西洋畫作，一部老式電視機，店內的燈座與掛鐘花瓶都有歲月痕跡，不是新或舊那種標準，畢竟有光澤，且不是亮閃的光澤，而是時間入味的潤滑。

老闆是個紳士模樣的爺爺，腳有點跛，負責外場招呼客人，老闆娘在吧台內側，負責煮咖啡。和電影中的陽子一樣，我挑了靠窗座位，跟老闆點了一杯熱咖啡，順手取了書架上的日刊體育報，頭版是當天開打的 WBC「侍 Japan」話題。

珈琲
エリカ
珈琲
エリカ

老闆拿著托盤，小心遞上咖啡，糖罐，還附上一個尖嘴壺狀小瓷杯分量的鮮奶，和薄薄一張白色收據。手勢與節奏力道都很小心，盡量不打擾我閱讀體育報的專注。輕輕地，安靜地，優雅從容，如歌行板一樣，在木頭桌面排成午茶的美麗構圖。我躲在報紙後方偷窺他優美的身段，忍不住抬頭對他微笑，小聲道謝。

盯著簡單潔白的咖啡杯盤，和那一小壺白色牛奶，不知不覺，恍神，進入時間的縫隙。

店內客人只有一對看似鄰近住民的老夫婦，坐在吧台和老闆小聲交談。我內心開始意識到剛剛勇敢推門走進來，是何等珍貴的緣分。

陸陸續續又進來十二個客人，兩個上班族模樣的西裝男，幾個穿著制服狀似午休的 OL，某些人小聲交談，多數低頭看書，我旁邊則是坐一位穿著西裝戴著呢帽的老紳士，正在閱讀文庫本。

取出大衣口袋裡的記事本，開始低頭寫字。如我多年以來幻想的場景，假設自己就是陽子。隔壁那位正在閱讀文庫本的老紳士，不時目光游移，似乎在偷窺我的書寫，而我也不停偷窺他閱讀的模樣，兩人不相識卻想參與對方的咖啡時光，意圖明顯還自認掩藏得宜，實在很詼諧。

店內沒有禁煙，我慢慢感覺空氣吸薄而開始偏頭痛，這才意識到，店內擺設雖然與電影場景雷同，但是與陽子常去的エリカ並不一樣，桌椅方位和大門的相對位置都不同，但老闆明明長得很像啊，到底是怎麼回事？

喝完咖啡，寫了三頁短文，靠著沙發，發呆。我貪戀這短暫的咖啡時光，過了稍許陽子的人生。

離開「エリカ」之後，重新走入神保町的書店巷弄，從靖國通到白山通，那些堅持書店生意的職人，那些執意找舊書的有心人，或如我這樣，想過過短暫的、一個午後約莫兩、三個小時、被エリカ的時代感著色，另一個陽子的人生。

來往神保町書街的行人，安靜遁入紙張纖維，成為標緻的人體鉛字，再成為書店風景的一部分。這構圖豈止迷人，簡直讓人神往。

也許下一次，就住在神保町附近吧！日日夜夜，跟這些二手書好好耳鬢廝磨一番，否則這倉促瀏覽，如何成敬意啊！

但我是一定要去エリカ溫存一個下午才行！

後記：

回台灣之後，費了一番功夫查詢電影《珈琲時光》的拍攝資料，發現陽子造訪的エリカ應該是位在「西神田二丁目一之二」，沿著白山通往水道橋車站的方向。兩家エリカ據說是兄弟經營，店內裝潢風格與桌椅家具類似，但西神田的エリカ老闆於二〇〇六年過世，該店已經暫停歇業。

去銀座與日本橋找尋三丁目夕日

完全不是逛街購物行程，
而是因為藥師丸博子、小泉純一郎，
以及當年十六歲的舅舅。

搭乘地鐵銀座線在「三越前」下車，仔細看了月台的地圖標示，找到距離日本橋最近的出口，一步一步踏上通往地面的階梯，內心感覺雀躍還有稍許緊張，好像分手半個世紀的昔日戀人正在三月早春的橋頭等待。手裡握著不合時態的罐裝咖啡，腳邊有幾隻落地漫步的鴿子，這畫面也未免太日劇了吧！

想要來日本橋，完全是因為電影《ALWAYS 三丁目の夕日》（台灣上映時譯作《永遠的三丁目》）裡的一段情節，藥師丸博子飾演的修車行老闆娘，經常瞞著丈夫，也就是那位脾氣暴躁的修車行老闆堤真一，偷偷帶著兒子來到日本橋，明知希望渺茫，也還是年復一年，期待可以看到戰時充軍赴戰場且生死不明的昔日戀人依約前來相會，對修車行老闆娘來說，那就是一場憑弔青春的儀式。某天果真在日本橋相遇了，兩人各自婚嫁，也都步入中年，那一幕十分催淚，有很濃的大人味。電影時空背景在昭和三十四年（西元一九五九年），首都高速公路還未切割日本橋美麗的天空，戀人重逢的戲碼雖然老套，可是電腦特效重現舊日時光的日本橋風景真的很迷人。日本前首相小泉純一郎在卸任之前，原本宣誓要砸下日幣五千億讓首都高速公路地下化，得以讓日本橋重見天日，卻遭到當時的東京都知事石原慎太郎公開發言反對，日本橋這座重要文化財，只能繼續在高速公路橋墩陰影下孤獨垂淚。

地鐵出口就在橋邊，一抬頭，立刻就發現原本日本橋的磅礴氣勢果真被首都高速公路硬生生從頭頂劈出一道傷口，下手很重。

坐在橋頭大型花岡岩基座，看著中央橋柱的麒麟雕像與橋頭的獅子雕像，做為日本國道路網元標，也是江戶時期的五街道起點，身處其中確實感受到日本橋的時代魔力，不免一顫。

慶長八年（西元一六〇三年），開啟江戶幕府時代的德川家康因應全國道路網整備計畫，在此架設第一代木橋，做為「東海道、中山道、甲州街道、奧州街道、日光街道」等五街道基準點，日本橋於是成為江戶時期浮世繪畫作最熱鬧的表徵。只是江戶時期火災頻傳，明曆大火造成木橋全燒毀滅，直到明治維新之前，總共經歷過十次火災，八次全滅，兩次半毀。明治初期招聘肥後國（現今熊本縣）著名石工橋本勘五郎設計架設石橋，到了明治四十四年（西元一九一一年）以花岡岩建材打造的石造二連拱橋，也就是現在的第十九代日本橋。到了昭和三十八年（西元一九六三年）為了因應經濟高度成長與東京奧運所興建的首都高速公路，遮蔽日本橋美麗的天空之後，雖然在一九九九年公告為國家重要文化財，但日本橋原有的風采，已經蒙上不見天日的陰影。

我在橋上反覆走來走去，想起自己若是日本人，應該也會加入「日本橋重見天日促進會」（日本橋川に空を取り戻す会）吧！小泉首相曾經表示，他卸任的遺憾之一，就是沒能看到日本橋重見天日，不過我猜那或許是小泉無須連任才這麼說的吧，畢竟要把首都高速公路地下化，造成交通黑暗期的不便，自民黨應該不想拿來當選舉政見，但後來他們也真的敗給鳩山政權就是了。

這天午後的陽光美好，打算從日本橋步行到銀座，因為不是假日，少了封街成為「步行者天國」的愜意和便利，但相對避開逛街人潮，已經覺得滿足。隨時抬頭都見到建築物背後的碧藍清朗天空，邊走邊拍照，發現一路這樣抬頭拿起相機拍照的人不少，一個攝影師模樣的日本鬍子男，大概與我相距五公尺左右，因為取景角度與目標幾乎雷同，後來我們就保持那樣的距離一路從日本橋、京橋、銀座一丁目走到四丁目，偶爾眼神交會的時候還彼此微笑致意，真是美好的下午。

奢華的午茶；高檔的舶來品；精緻的和紙老鋪；穿著和服的貴婦；還有蘋果電腦專賣店前方，戴著 iPod 擺出 Model 姿態，拜託我幫忙拍照的韓國正妹觀光客。

太平洋戰爭時期，從高雄港搭船偷渡到日本，多年斷了音訊，生死未卜的舅舅，某一年從北國稍來一張黑白照片，十六歲少年，卻穿著白襯衫打著深色領帶，以某個百貨店建築為背景，留下帥氣身影。後來我反覆比對，猜想拍照地點倘若不是日本橋的三越百貨，就是銀座的和光百貨，可惜時光流轉，大空襲當時的銀座地景也遭受極大摧毀，建築外觀難免變動，周圍景致也大不同。我分別站在日本橋三越與銀座和光的對街想了好一陣子，想像當時十六歲到異鄉打拚的舅舅，究竟經歷過什麼？又有多少勇氣？戰亂讓離鄉冒險的少年，提早有了中年風霜。

二〇〇九年三月五日午後，我從日本橋、京橋、銀座一丁目走到四丁目，最後抵達 **JR** 新橋車站。從正午陽光到黃昏日暮，直到街邊燈火亮起，才從新橋搭車返回池袋。這是一段美麗的，深刻的，人生滋味回甘的，關於電影三丁目夕日與十六歲舅舅的歲月漫步。

PART 2

無謀小旅行

東急電鉄
2343
東急ワンデーオープンチケット
2016-3.23に限り有効
660円 2016年-3月23日
003発行

相較於嚴謹的計畫，慢慢就偏愛了閒散地出門，雖不到亂晃的程度，行前大概只列出方向和目的地，類似草圖那樣的線條而已。實際從旅館出發，才評估當日天氣與心情，有時還要衡量身體狀況，譬如腿力或鼻塞程度。有時也會因為當天早上一則新聞或一個念頭就轉了方向，任何計畫都比不上當下的決定，既然決定了，就相信冥冥之中的所有安排。

這道理也不是一開始就懂，人和旅行的關係，往往進入下一個層次，才會有隨心所欲的自信，否則就是擔心害怕，怕迷路，怕被拋棄，但明明只是自己一個人的旅行，並沒有誰拋棄誰的問題。

「男人真命苦」之柴又小旅行

感覺山田導演給了指引，
一路去到柴又，
跟在一群長風衣爺爺身後，
彷彿看到寅次郎同行。

二〇一六年三月二十四日，在池袋北口東橫 INN 吃完早餐飯糰，等待電梯上樓時，順手從電梯旁的小桌面拿起一張 A4 大小的宣傳單，上半部以白色為底，一個手繪 Q 版漫畫人形，一看就知道是電影《男人真命苦》的寅次郎，下半部則是鮮黃底色，以洗練成熟的快筆速寫風格，勾勒出人物線條，看起來是山田洋次導演無誤。宣傳單的大字寫著「葛飾柴又，寅さん紀念館」，攤開內頁，滑落一小張紀念品兌換券。

那天恰好沒什麼特別行程，來日本之前又讀了山田洋次導演的書《只想拍電影的人》，電梯門打開之後，我拿著宣傳單走進去，獨自上樓，感覺山田洋次導演好像尾隨而來。我喜歡山田導演獨特的電影色澤和對白口氣，雖然沒跟上寅次郎的時代，但至少耳聞傳奇，對山田導演近幾年的作品倒是不斷複習，三番兩次被DVD出租店櫃台工讀生提醒，看過好幾次了喲，我心想，就是看過了，才想一看再看啊！

電梯門打開瞬間，內心有股強烈電流發出指令，感覺被山田導演點名了，看樣子，非得去一趟柴又不可。

常常被這種自以為是的使命感驅使，做了旁人可能覺得無關緊要、自己卻十分介意的決定。

直到搭上地鐵丸之內線才開始用手機查詢轉乘路線，可能仗著那天還有地鐵二日券可以使用，去遠一點的地方才值回票價，這不是貪小便宜，而是旅行中的精打細算，但其實也只在大手町轉乘半藏門線，抵達押上之後的路線就離開二日券優惠範圍了。到了押上才發現晴空塔近在眼前，只是毫無跟隨人潮去晴空塔的想法，而是立刻轉搭京成押上線，到高砂站再換京成金町線，最後才抵達柴又。京成鐵道沿線景色完全就是下町氣息，說不上來那氣息到底哪裡不同，可能是心態已經進入下町模式，加上車內乘客不多，坐姿也就緩緩歪斜，整個人鬆垮垮的，恐怕是來到下町才會出現的身體自然反應吧！

走出柴又車站，小小站前廣場，立刻看到穿著西裝、頭戴紳士帽，提著皮箱的寅次郎雕像站在那裏，感覺那不是雕像，而是剛下車或正要出門的寅次郎。柴又車站入選「關東車站百選」的理由，據說就是眾人熟知的《男人真命苦》主角人物寅次郎的關係，但這座車站早在一八九九年就以「帝釋人車鐵道」車站開業，一九一二年京成電鐵開通，所以我是站在一塊有歷史的地方啊，真是失敬。

學著寅次郎一樣站姿，一樣視線，恰好直視車站黑色屋瓦。雕像附近有幾個男人因為抽菸或什麼理由站在一起，也無交談，有人看著地面，有人抬頭看天空，那情景不免讓我在內心嘖了幾聲，真命苦啊，你們這些男人。

走在帝釋天參道上，非假日，氣溫很低，沒什麼遊客，兩側店鋪處在商家互相串門子聊天的午後休閒模式。倒是有幾位穿著米色和深灰色長風衣的爺爺，目測年齡在六、七十歲，但日本老人的年齡很難從外表與身體硬朗的程度判別，或許他們之中有人已經八、九十歲了，正所謂男人真命苦的寅次郎世代吧！

這幾年在日本街頭，米色或灰黑色長風衣的集體風潮已經陸續被輕薄的羽絨外套取代，可以在柴又這個下町地方，尾隨一群戰後團塊世代的風衣男，根本像是走入電影場景，這時候電影配樂就該下了吧！會不會已經在天堂的寅次郎，也就是渥美清先生在冥冥之中動了什麼手腳？想到這點，一陣寒風吹過，我偷偷笑了。

帝釋天神社參拜過後，循著巷弄指標，當然也跟著風衣爺爺集團，先是沿著寺廟外牆走一小段路，走著走著，不免懷疑，這樣走下去，真的可以到達寅次郎紀念館嗎？正在猶豫到底該不該走下去的時候，隨即又看到轉彎處出現小方塊路標，彷彿玩著尋寶或大地遊戲，連路標畫出來的建築暫時因為重建而夷為平地，也會特別在空地貼了醒目告示，意思是說，不要懷疑，繼續走就對了。

紀念館在一個很微妙的邊陲地帶，但一走進去，燈光與場景使然，配樂一下，不知為何，被時空情境催熟的莫名感動一下子就滿起來，明明我不是那麼熟悉

《男人真命苦》這系列電影，但這紀念館用了道具、影像、配樂與一些對白聲音，竟然讓我這樣一個「寅次郎素人」動了思念之情。是因為跟在一群寅次郎世代的爺爺後方吧！他們看著牆上劇照，因為某些經典畫面，開始訴說各自和寅次郎的連結，或提到某某女明星飾演的角色真是美人，誰誰誰在哪一集做過什麼笨蛋蠢事，彷彿他們而今肩上堆疊的人生滄桑都無所謂了，每個人開心活潑地回到青春正好的年輕小伙子模樣。

山田洋次在書中提到最初電影公司非常反對把電視劇再拍成電影，他們認為，「糯米糰子店的兒子，老是因為美女而失戀的故事有什麼好看的？」不過山田導演之所以對這齣戲有相當程度的自信，是因為喜歡電視版《男人真命苦》的男性觀眾比例壓倒性地多，收視率節節攀升，到尾聲第二十六集，寅次郎在離島被眼鏡蛇咬死時，抗議信和電話湧進電視台，抗議的觀眾之中不少人以這樣的口吻說話：「老子從此再也不看你們電視台的賽馬報導了！」「我的手下馬上就要過去修理你們了。」

當時松竹電影出品的觀眾群以女性居多，深夜場次幾乎沒什麼票房。山田導演心想，如果將這部作品拍成電影，就能吸引那些找不到去處的年輕小伙子或是餐廳廚師，甚至包括酒吧調酒師們在週六深夜趕來看電影吧！「寅次郎早已活在觀眾心中，對觀眾而言，他是親如兄弟的存在，創作出這個角色的我，卻憑一己之見輕易將他處死，這種輕忽觀眾心情的作法真的太不負責任了。」

在紀念館內，一路尾隨長風衣爺爺，聽他們夾雜著喜悅、感嘆、懷傷的老年情感，對館內復刻重現的每個劇情場景如數家珍，七嘴八舌搶話或互相揶揄的歡樂之中，其實有很濃的歲月傷感。在他們短暫復活的青春裡，就差飾演寅次郎的渥美清先生黃泉歸來與他們擊掌而已。我偷偷埋伏在他們四周，感覺這一趟小旅行，若缺了他們，可能淡而無味，因此在內心偷偷表達了誠摯的謝意。然而他們在不久之後就要揮手道別，長風衣在三月低溫裡翻飛，同世代的默契就只能打包封存，接著走回各自的人生日常，說不定又變成家人眼中的無聲老爺爺，看電視打盹，還被嫌棄身上有老人的加齡臭。這短暫同齡同世代結伴出遊的記憶，儼然是晚年重要的回春療程。

會不會他們之中有當年寫信或打電話去電視台抗議的人呢？當他們搭著京成鐵

道，離開柴又，在各個轉乘車站陸續下車陸續道別時，會是多麼讓人鼻酸的寂寞場景啊！

因此我離開寅次郎紀念館，走到對面參訪山田洋次導演小型展覽之後，因為怕親眼目睹他們揮手道別的模樣，內心恐怕會揪成一團，決定放慢腳步，等他們走遠，才獨自一人走回車站。在參道旁坐下來吃了一串紅豆抹茶烤糯米糰子，天冷，鼻水自然溢出，店員是個清瘦俊美的年輕人，貼心幫我倒了一杯熱茶，默默遞了過來。我看著他，心想，會是寅次郎來投胎的嗎？

山田導演曾經說過，常有《男人真命苦》的影迷跟他抱怨，說他們跑到柴又，才發現那裡跟電影場景不一樣，顯得有些雜亂。「老實說，為了將阿寅懷念的故鄉柴又街景和江戶川畔拍得更美，我可是吃盡了苦頭……」那群共事超過三十年的劇組，是一群可稱為《男人真命苦》的專家，譬如寅次郎一家經常喝茶，每個演員都有固定的茶杯，而且用的不是片場提供給員工的便宜茶葉，而是細心準備的高級煎茶。劇中寅次郎最愛吃嬸嬸做的紅燒芋頭，也是道具人員請自己的太太專程做的，「因為餐廳做的東西無法讓演員吃得津津有味」。

如果不是那幾位長風衣爺爺相伴，這趟柴又的徒步散策，或許沒能那般深邃入味。然而，直到輾轉換車回到池袋北口東橫INN，走進電梯才發現，一早從宣傳單滑落的小張紀念品兌換券，還在口袋裡。但我帶回了事先怎麼安排也遇不到的風景，謝謝那幾位寅次郎世代的人生前輩，長風衣真的帥爆了。

尾隨太宰治的下連雀小旅行

如果剛好遇到喝醉的太宰治，
拎著酒瓶走在前方，
會想跟他說什麼呢？

在東京旅行，只要搭上中央線，就很想往三鷹的方向前去。不管是當日第一站，或途中下車，或最後收尾，都可以。想像有個朋友住在那裡，不用特別通知，隨時都可以去「下連雀」走走，最好遇到酒醉的太宰治掀開小酒館的暖簾走出來，瘦瘦的，衣衫垮垮的，手臂交叉收攏在腋下，走在前方大概十步之遙。如果能夠以那樣不打擾的形式尾隨應該很有意思，好像他未曾跳玉川上水殉情，依然還過著頹廢的文人日子。

很久以前就讀過太宰治的《人間失格》，也不是沉迷或憧憬，只覺得這人一心尋死，到底有多深的絕望，卻又不放棄愛情，愛情不就存在著希望嗎？後來看了電影《維榮之妻》，多少因為改編原著的私小說題材，淺野忠信飾演的那位嗜酒文人的形象難免讓人有了借位太宰治的想像。之後電影《人間失格》請來傑尼斯系的生田斗真飾演主角大庭葉藏，更加美化了太宰治的俊男面容，同劇出現的伊勢谷友介和森田剛，也都毫不留情展現美男攻勢。影評如何褒貶，我大致不受影響，買了DVD回來，一段時日，必然複習，以太宰治作品改編的戲劇，彷彿中了什麼蠱，全都充滿頹廢華麗感，色澤特別濃烈，偏偏這風格引人入迷，真的像中蠱。

二〇〇九年來過三鷹，那時沿著風之坂散步道，目標是吉卜力美術館，沿途看到太宰治落水自殺地的小告示牌，剎那愣住，原來離太宰治這麼近，而我竟然是為了吉卜力而來。那天離開吉卜力之後，也只是穿越井之頭公園，跑去吉祥寺逛了幾間小鋪，吃了松屋咖哩飯就離開，看似有謀，卻是無謀。

二〇一三年再來，出門之前上網查了路線，隨手撕下旅館床頭櫃的便條紙，畫了簡便地圖，抵達三鷹車站之後，徒步在站前那個區塊繞了一大圈，明明看見太宰治墓地所在的禪林寺路標，轉個彎，過了馬路，又遍尋不著，幾度繞回同一家酒鋪，越走越心虛，越走越腿軟，胡亂猜想那天可能掃墓不宜，於是走回車站，搭了中央線離開，去了御茶水。

二〇一六年，低溫十度左右，乾冷，有陽光。搭乘中央線，又來到三鷹，又想去禪林寺看看，說起來這動機更接近掃墓，可惜手邊什麼像樣的祭品都沒準備。站前那條名為中央通的喧鬧氛圍讓人不自覺就起了購物慾，幾度想買雙拖鞋或幾條純棉手巾，猶豫許久，仍然作罷，倘若真的遇到太宰治或他那一幫美男酒友，我拎著拖鞋與毛巾的主婦模樣，那可就好笑了。

無謀的人，又一次在三鷹街頭晃蕩，又經過三年前幾度路過的酒鋪，那時門口貼著太宰治的黑白海報，這時換成 Suntory 威士忌廣告。

仗著大衣口袋裡的手機已經設定好 Google Map，走了半個多小時，走進住宅巷弄，等到禪林寺出現時，卻是座清幽安靜的寺廟，除了烏鴉叫聲之外，就只剩下我的腳步聲。這寧靜讓人想起太宰治的孤獨。

墓園在另一邊，這才想起自己雙手空空實在失禮，剛剛經過酒鋪應該拎一罐威士忌或清酒或燒酎才對。以前去京都看坂本龍馬，不也帶了一罐 Asahi 啤酒去乾杯嗎！

只是墓園入口處的會館正在舉辦告別式，黑色西裝與黑色套裝的男男女女，肅穆安靜排成一列，該如何穿過他們？又要拿什麼理由跟墓園管理員表達想去太宰治墳前祭拜呢？我站在那裡，想了幾分鐘，很快就萌生退意。

於是轉身沿著連雀通，慢慢步行，腦袋一片空白，想不出什麼適切的言語，內心卻默默跟太宰治告別。走著走著，走到下連雀，週六清早，安安靜靜，沒有住宅區應該出現的家人交談聲，沒人在屋子前面掃地或澆花，這地方，是說好了這麼靜默嗎？

往井之頭公園的方向走，想像太宰治在此地生活與寫作的實感。走了好久，終於嗅到一些店家為了中午營業而提前熬煮柴魚高湯的氣味，有一、兩家店看起來似乎是喝酒的地方，傍晚才會營業的手寫告示張貼在店門口，字體看起來還在宿醉中。

經過太宰治舊居所在地，雖然腳痠，眼睛卻為之一亮，幻想著太宰治前晚不知醉倒何處，這時候醒了，走在前方，正趕著回家。

回到玉川上水，原本沿著河邊走，行經文學作家「山本有三」宅邸，決定過街，在庭園繞一圈，有幾人在那裡寫生。販賣機投幣買了罐裝熱咖啡，坐在寫生者後方的長板凳上，看著馬路另一頭的玉川上水，而今只是小小水溝一條，據說太宰治偕同愛人山崎富榮投河自盡當時，可能是連日大雨的關係，玉川上水的水量還不小。山崎富榮是美人，電影《維榮之妻》裡的廣末涼子飾演的秋子，會不會是以山崎富榮的模樣為發想，網路上有張山崎富榮的黑白時裝照片，也跟廣末飾演的秋子一樣，戴著圓框眼鏡。

離開三鷹，搭上中央線列車時，才想起之前一直計畫前往的太宰治文學沙龍與太宰治橫丁，還是沒能如願。但列車已經啟動，也不回頭了，下次再來。

在LINE群組張貼訊息，提及自己去了三鷹，朋友說，那是去吉卜力美術館吧！可惜不是，但沒辦法跟朋友解釋太多動機跟細節。一個偽裝成下連雀住民的旅人，埋伏在太宰治人生最末章節，不知他為何一心想死，但他的人生也許早就決定以此終結，若不是如此，我也沒辦法想像他年老之後會如何。三十八歲死去，

太宰治的樣子就已經定格，不會再老了。

倘若活在現在的三鷹，要喝酒不缺地方，沿著玉川上水散步，或去井之頭公園慢跑，日子要過得愜意不難。只是以頹廢無賴派的風格想在現今文壇立足，可能要被迫經營網路粉絲團或常常在吉卜力打卡才行，但八卦雜誌的大砲長鏡頭也是恐怖之物，不倫戀情萬一曝光，芥川賞要入選恐怕不樂觀。

不過，憑藉著閱讀和電影的印象一路尾隨太宰治，嗅著他身後飄來的酒味，大概是「三鷹一人旅」最適合的濃度了。

後來由日本知名攝影家蜷川實花執導的電影，又拍了一次《人間失格》，這次不是小說原著大庭葉藏的故事，而是真實的太宰治。依舊是色彩華麗的風格，由小栗旬飾演太宰治，元配妻子美知子的角色交給宮澤理惠，飾演與太宰治一同跳河自盡的山崎富榮則是二階堂富美。距離生田斗真主演的《人間失格》，已經相隔九年了。看過小栗旬版本的太宰治之後，又開始思念三鷹了。

以為去了未來卻留在過去的橫濱小旅行

從副都心線、東急東橫線、到港未來線的「一本直通」。

二〇一三年三月十五日，從池袋搭乘山手線到澀谷，打算轉乘東急東橫線到代官山，當天預計行程是去蔦屋書店找幾片二手DVD。只是在澀谷換車時，猛然想起電影《明日的記憶》飾演廣告公司營業部長的渡邊謙在澀谷迷路的情節，電影鏡頭跟著罹患早期阿茲海默症的中年菁英上班族不斷晃動，一路氣喘吁吁，那畫面很難忘記。我從澀谷車站往外俯瞰，十字路口剎那交錯的人群，像勤奮努力的工蟻，朝著他們各自垂涎的甜分匍匐前去，那幾秒瞬間湧上來的畫面讓我頭皮發麻，彷彿被幾萬隻螞蟻碾過。

然而車站內的人更多，好像為了什麼祭典來臨而聚集，經過改札票口的時候，察覺周遭的大砲長鏡頭特別多，乘客也都舉起手機，對準東急東橫線月台拍攝。

看到時刻表電光板下方的橫幅布幔，才知道當夜運輸結束之後，東急東橫線月台將移往地底，八十五年的路面月台歲月，就要劃上休止符。我對這樣的大事件毫無知悉，竟也碰上如此重要的歷史時刻，往代官山沿線各站月台以及可以拍攝列車進站離站的鐵道旁都站滿人。

翌日離開東京，才聽說從池袋可以「一本直通」橫濱，所謂「一本直通」，意謂著中途不用換月台也無須換車廂，同一個座位就可以從池袋坐到橫濱。二十幾年前，我跟同學從池袋出發去橫濱，歷經 JR 與私鐵，路面和地底，特急與普通車，月台上上下下，睡去醒來好幾回，而今竟然可以從池袋一本直通，可惜要離境了。

經過三年，二〇一六年三月二十一日，在東橫 INN 的房間醒來，立刻做了決定，打算從池袋搭乘副都心線，接軌東急東橫線，再與港未來線連結，完成三年前未盡的「一本直通」計畫。抵達終點時，從很深的地底月台搭乘手扶電梯鑽出地面，發現車站已經翻修，找不到二十幾年前元町舊站體的模樣了。

所謂的港未來線，可有什麼時光磁場的暗示嗎？那一整日，始終思考這道難解的題。橫濱這地方看似朝向未來奔跑，卻處處眷戀過往不肯鬆手，新舊摻雜得那麼理所當然，始終是那麼適合約會的地方，光是港口、大橋、摩天輪、紅煉瓦倉庫群，哪裡不是散發著滿滿的愛情費洛蒙。

人潮多數往中華街的方向移動，我卻選擇遊客相對稀少的出口，出站之後，冷空氣襲來，可能是臨港的關係，寒意更為深刻，幾乎可以感覺到上下牙齒顫動的撞擊摩擦，完全無法控制。

一路往橫濱的列車上，就已經決定此行的目的是去找尋動畫電影《來自紅花坂》的場景。這部改編自漫畫的吉卜力動畫，導演是宮崎駿的兒子宮崎吾郎，劇情描述位於橫濱的港南高校，為了保存校內歷史建築「Quartier Latin」而在校園展開學生抗爭運動，另一主軸則是十七歲高校生松崎海跟風間俊之間的純愛，穿著高校制服的風間俊騎單車載著松崎海往山下俯衝的下坡路，據說是現在依然存在的谷戶坂。

選擇人煙稀少的路，也就不客氣大聲唱著電影主題曲《撒喲娜啦，夏天》，想像自己是原唱手嶌葵，但這首歌明明是翻唱一九七四年森山良子唱過的電視劇主題曲，卻像全新為這部動畫打造的原創，我一邊想辦法模仿手嶌葵的高音，一邊看著港邊停泊的大船，想起電影場景，松崎海在父親海難失蹤多年後，依然堅持每日清晨在屋子前方升起信號旗，朝著大海航行的船隻揮手。

雖然這麼說好像對宮崎駿有點不好意思，吉卜力出品的動畫之中，如果要挑選最愛，首推高畑勳的作品《兒時的點點滴滴》，排名第二的就是宮崎吾郎這部《來自紅花坂》，只要哼著主題曲，眼前的橫濱就會時空倒轉，回到一九六四東京奧運前一年的紅花坂。

邊唱歌邊上坡，還不到氣喘吁吁的程度，可能是陽光出來了，身體就溫暖起來。從派出所也就是「交番」所在的紅綠燈過馬路，那天恰好是橫濱外國人墓地特別開放日，僅僅開放幾個小時，入場無料，但接受自由募金。看著靜默列隊的墓碑，全然不覺陰森，內心卻浮現那種非得在這個情境之下才會出現的想法，人啊，不管生前過得如何，最終是遺憾或圓滿，入土之後就是一生了。若有所謂陰陽相隔，那陰陽的界線是什麼？站在墓園入口，看完特別開放日的告示之後，毫無猶豫就走進去，參觀墓園應該是抱著向人生前輩致意的心境，無所謂人鬼的念頭，這是旅行之中不容易與人分享的路線，但我很愛。

幾度跟朋友提起這樣的出遊計畫，想去看搖滾歌手尾崎豐的墓地，帶一瓶酒去跟他乾杯。也想去作家向田邦子的墓園，跟她報告這麼多年以來，台灣讀者沒有忘記在她飛機失事喪生的地方繼續讀著她精彩的小說。我還去找過幕府時代幾乎在大奧呼風喚雨的春日局之墓，去了京都就去探望坂本龍馬，去了福島會津若松就去憑弔戊辰戰爭戰死的十九名白虎隊少年，朋友說，這不是旅遊行程吧，看起來比較像是清明掃墓。

事前並不知那天是外國人墓園特別開放日，從志工手上拿到墓園案內圖的時候，覺得這一切都是天意。

墓園起始於美國黑船艦隊來襲的一八五三年，至今共有四十個國家，超過四千名外國人在此長眠。包括東京大學第一位物理學老師、明治天皇的法語老師、日本第一位外國人落語家、日本第一位法國甜點師傅、創立日本 YMCA 的功勞者等等。

墓園很安靜也很乾淨。多數墓碑前方都立有英日雙語解說牌，寫著長眠與此的外國人生平事蹟。我時而蹲下來閱讀那些文字，時而轉身遠眺港口，時間在那裡緩緩流動又慢慢凝結，一個小時，彷彿過了一又二分之一個世紀。

離開墓園之後，跟路旁作畫的先生買了橫濱街景明信片，那人問我來自哪裡？「一個人旅行嗎？」「很棒呢！」「那麼，可以跟妳握手嗎？」

回程電車上，發現明信片後方寫著畫家的名字「本多群司」，是不是剛剛與我握手的畫家本人，也不確定。

離開墓園之後，慢慢走上臨港的山丘，買了「大佛次郎紀念館」與「神奈川文學館」共通門票，文學作家的舊居或紀念館向來是旅途之中喜歡造訪的景點，可是稱之為景點，好像有點失禮。

大佛次郎出身橫濱，是生於明治，活躍於昭和的時代小說與大眾文學作家，使用過的筆名高達十八個，是熱愛鎌倉的愛貓家。紀念館側邊的霧笛咖啡，二十幾年前曾經來過，至今依然營運中。原本打算在那裡用餐，但是早晨在東橫INN吃的飯糰還沒完全消化，那就先去文學館，回程再來。沒想到文學館入口側邊有一間喫茶店，幾位衣著風雅的熟齡長輩坐在大片落地窗前喝咖啡，或發呆或聊天

或讀著手上的文庫本，那畫面非常迷人，立刻變了心，捨棄跟霧笛的午餐約定。

神奈川文學館的參訪者不多，館內很安靜，暖氣也很強，應該是考量到館藏作家原稿的保存，濕度光線都要特別小心，那些與橫濱所在的神奈川縣有地緣關係的文學作家面容，與我隔著透明玻璃相互對望，黑白照片最能呈現文人或剛毅或浪漫或俏皮的風情，彩色照片似乎就弱了些。

館內的 Video Corner 是個類似老派咖啡館的沙發區，沙發坐起來特別舒服，沙發前的矮桌放著大螢幕，另配置兩組大型耳機，只要按照桌面指示操作，可任選主題短片觀賞。那些短片拍得極好，有作家生平故事，有作品朗讀，我大概看了十幾部，太宰治、芥川龍之介、三島由紀夫、夏目漱石、与謝野晶子、泉鏡花、村上龍、柳美里……耳機裡的日本語雖有難懂的部分，但影像彌補了理解的缺口，就那樣假裝語言不構成隔閡，這麼說，實在有點自滿。

走出文學館，已經過了午餐時間，發現那間有著落地窗的喫茶店空無一人，沒有太多猶豫，直接推門進去。一位穿著圍裙，從櫃台裡側探出頭來的中年女性店員輕聲說著，歡迎光臨，請找自己喜歡的座位。她說話的樣子，包括用詞和語調聲線，有很特別的氣質，彷彿隨筆作家或詩人。

在可以看到港口的落地窗前坐下來，點一份和風三明治和一杯熱咖啡。三明治的土司烤過，呈現色澤漂亮的紋路，內餡是滋味很好的起司加上醬汁微微炒過的菇類，另有半顆多汁甜美的柑橘，隨咖啡附上的小湯匙也很美。我在那個靠窗的位子悠閒用餐，還用隨身攜帶的黑色中性筆，在紅格子封面的小冊子，寫了幾百字的短文。

喫茶店內的音樂是襯底恰好的音量，聽起來頗舒適。突然瞧見落地窗外的公園，出現不少制服員警，聽著無線電耳機，來回奔跑。我坐在店內，與他們眼神對上時，開始擔心他們會不會進來盤查什麼可疑人物。或許是日劇裡的警視廳情節中毒太深，我又幻想會不會是皇室成員來訪?總之，一個多小時的時間，喫茶店一直都只有我一個客人，形同奢侈的包場。

想起二十幾年前，穿著緊身牛仔褲搭配粉紅色長袖襯衫，站在霧笛咖啡館拍攝的照片，那時還未有數位相機，是攜帶起來有點重量的 **Canon** 底片機，出國之前在台北博愛路買的。

離開文學館，一路從港の見える丘公園，山下公園，步行到紅色煉瓦區，再沿著日本大通走到橫濱棒球場，從黃昏暮色，走到街燈亮起。在球場外面的花壇坐下來歇息，聽著場內正在進行熱身賽的橫濱 DeNA 加油團應援曲，才意識到已經走了好長一段路的雙腿相當沉重，似乎需要防護員來冰敷。

穿過中華街，穿過燒賣與包子叫賣的觀光客集中區，想起二十幾年前，因為想念台灣味，千里迢迢，和同學結伴從池袋轉乘好幾個不同路線的電車來到這裡，只為了買一罐牛頭牌沙茶醬。

回到港未來線的入口，往下的電梯好像鑽入異次元的地底通道，那些曾經與橫濱相處的種種，留在背後逐漸遠離的地面，朝著我的背影揮手告別。

橫濱果真是個讓人想要一再來訪的地方，而我回到台灣之後，又去 TSUTAYA 租了不曉得已經看過幾次的《來自紅花坂》。

一次又一次的新宿御苑都是因為新海誠

每每想起《言葉之庭》就會覺得雨天其實不那麼令人討厭。

二〇一三年，我在滿座的真善美戲院看了新海誠的動畫作品《言葉之庭》。那是第一次看新海誠的作品，我所熟悉的新宿車站周邊，在動畫筆觸之下，出現迷離且動人的光影，連雨滴彈起來的光澤都有水晶的亮度。動畫裡的男孩和女子，在下雨的新宿車站月台等車，在下雨的新宿御苑涼亭碰面。男孩低頭畫畫，女子喝著早晨的罐裝啤酒，把鞋子甩向雨中……當時看著動畫的戲院其實在台北西門町，畫面產生的既視感卻讓我有了身在新宿的錯覺。

我對新宿御苑並不陌生，第一次造訪那裡，應該是語言學校開學之後第一個櫻花滿開的假日，所謂水洩不通，大概是形容那種盛況。櫻花樹下滿滿的野餐賞花人海，鼻子嗅到的氣味融合了壽司醋味和啤酒的苦味。我和同學以櫻花為背景拍攝了標準觀光客模樣的合照，那時還是底片相機，拍滿三十六張，拿去新宿東口 SAKURAYA 沖洗，我還曾經在那裡買了日本製造的雙卡 AIWA 手提音響，那年 X Japan 才剛發行單曲《TEARS》，吉他手 HIDE 尚在人世，主唱 TOSHI 還算瘦，但二十幾年經過，SAKURAYA 倒了，HIDE 離世好幾年了，TOSHI 步入中年了，也幾乎沒人使用底片相機了。

往後這些年在台灣與日本之間來來去去，新宿三丁目只是電車匆匆路過的站名，曾經就讀的語言學校據說搬到新大久保，原本學校所在的那棟緊鄰紀伊國屋書店的建築，各樓層漸漸清空，似乎是為了拆除重建而進入不確定期限的好幾年空屋期，之後也真的夷為平地，開始蓋大樓。每次來到東京，就會去新宿車站晃一圈，進行私人的青春憑弔儀式。當年在這車站晃來晃去的成就約莫是練就不易在站內迷路的體質，以東口 ALTA 大螢幕為座標畫出來的散步路線也就成為鄉愁的一部分。

可是，新海誠的《言葉之庭》卻劃下一條分割線，在那之前，新宿御苑是春天賞櫻的公園，在那之後，新宿御苑是動畫的舞台，是可以讓自己歇憩的療場。我

對雨天的新宿御苑開始產生好感並時常思念，那思念包含過往在新宿移動的孤獨感和某部分在異鄉找到歸屬的安心感，兩種成分都很鮮明。動畫裡的大雨或小雨，並沒有讓新宿御苑看起來過於潮濕黏膩，雨落下來，滴滴答答，在地上滴出水窪，水窪反射出天空的模樣，雨天就不那麼討人厭。

爾後一次又一次造訪新宿御苑的理由，全都是因為新海誠的《言葉之庭》。從入口處買票開始，就小聲哼著歌手秦基博唱的主題曲《Rain》，我原是討厭下雨的人，每次下雨就唱這首歌來替自己打氣。但我幾度在初春三月來到新宿御苑，雖是讓人鼻涕不由自主流下來的低溫，陽光卻出奇地豔麗美好，那種天氣絕對不是《言葉之庭》的名場景，如果沒下雨，男女主角都不會來，這是動畫情節，而今新海誠的話題，早就被《你的名字》和《天氣之子》取代了。

我到新宿御苑的行程大抵是早晨那波通勤尖峰時段過後才出發，從新宿三丁目車站步行一小段路，在新宿門入口自動販賣機買了門票入園，就在園內待上幾個小時，多數時間是看著遠方發呆，覺得那樣的放空真是舒坦。幾次來到這裡都是櫻花剛剛冒出芽的階段，偶有提早滿開的一兩株，就會引來拍照人群聚集，不管是手機，傻瓜相機，或單眼，長鏡頭，腳架，專業或隨興的都有，熟齡攝影者特別多，裝備齊全，取景角度各有堅持，我不是拍攝花卉的專家，卻喜歡捕捉這些攝影者的背影，那是在新宿御苑的樂趣之一。

學生時期的生物成績一塌糊塗，辨識植物的能力很差，卻對新宿御苑的植物解說牌充滿好奇，看到不認識的單字就抄寫在旅行隨身的小本子裡，當作返家之後查字典學習的功課。園區一圈好似走過植物的四季，偶爾見到穿著作業服的工作人員，多數是白頭髮的資深員工，彎身蹲下，幾乎淹沒在樹叢之中，但背影又十分專注。我想起昭和天皇是研究植物的專家，他曾經說：「這世間沒有任何植物名之為雜草。」這段話經常激勵我體內的雜草魂，在新宿御苑的那幾個小時，感覺尤其強烈。

尚在賞花熱季的邊緣，難得低溫裡出現暖陽，那就找一張大樹底下的長椅子坐下，太陽烘得手指腳指末稍特別溫暖，讀幾頁文庫本，或發呆，或滑一下手機，或看著澀谷方向的 NTT 大樓，很容易就遁入時空縫隙裡，是很舒服的狀態。

那些園內長椅，或有年輕母親推著嬰兒車來放空，或有年長夫妻兩人在那裡曬太陽，或幾個老奶奶結伴來野餐還互相交換壽司飯糰。有專心讀著紙本漫畫的大男孩，咯咯咯笑到肩膀不停抖動，也有上班族模樣的男人，低頭滑著手機，或膝蓋放著薄型筆電，躲在一人世界裡，不知為了什麼事情憂愁，眉頭揪在一起。

園內寫生的人不少，如果是角度夠好的位置，通常會形成群聚的小團體。我就坐在他們身後不遠，看他們筆下的鉛筆素描、水彩、或任何我無法辨識的畫風與工具，年輕的，年老的，那樣坐下來的寫生時光，到底是經常性的聚會，還是偶遇，不得而知。

新海誠動畫裡的涼亭，在台灣庭園那一區，如果不是動畫的緣故，那涼亭看起來一點都不醒目也不特別。照理說，應該模仿動畫女主角一早喝冰啤酒，但天冷，就以販賣機投幣來的熱咖啡取代啤酒。天空也未降雨，不符合動畫場景，但陽光舒坦，就張開手臂，趴在涼亭木頭欄杆，想像自己是八爪章魚。那姿勢恐怕不是趕著去集合的團體旅客做得來的悠閒，他們可能等著涼亭出現空景好拍照，但我既然占據了涼亭，就沒意思退讓。

在園內散步，偶爾停下來，坐在長椅上，盡量往後仰躺，看著新宿天空，雲的流動，樹枝的曲折，聽著樹葉與樹葉摩擦的沙沙聲，在樹的庇蔭之下，可以大口呼吸或緩緩吐息，把心肺徹底清空再重新填滿氧氣，活著的意義好像就不會太複雜了。

有一整班幼稚園學童在草坪玩遊戲，有中年歐巴桑嘰嘰喳喳說著家庭瑣事。突然看到一對穿著白紗西服的新人，拉著行李箱，拿著自拍棒，自立自強拍攝他們的婚紗照。

總之，將近半天的時間，在新宿御苑想像自己是新海誠動畫裡面的一個角色，晃來晃去，自以為入戲。渴了就去投幣買飲料，餓了就拿出早餐沒有吃完的半個飯糰咬一口。

繞完一大圈，再從新宿門離開，沿著新宿通，往新宿東口方向前去。途中會經過一間名為「追分」的小派出所，會經過賣文具的「世界堂」新宿本店，就走進去挑選作為紀念那年造訪新宿御苑的一枝筆。

接下來會路過伊勢丹百貨，看著百貨店門口的老派紳士淑女裝扮的客人，在那裡等候相約見面的朋友，彷彿掉進昭和年代的舊時光。最後，必然要去新宿東口紀伊國屋書店逐層朝聖，再以 ALTA 大螢幕後方那間位於地下室半樓的迴轉壽司收尾。

旅行之中，過著沒有觀光企圖的日常，大概是這年紀出遊最喜歡的模式了。

東京鐵塔，還有一九一五年的台灣少年

旅行常常讓我有穿越時空的奇妙感，
幾百年的風景，
就有幾百年的人情故事。

在東京移動的日子，幾度遠眺夜裡的東京鐵塔，總覺得那不只是電波塔，彷彿還是個穿越時空的缺口。多年前的某個夜裡，曾經跟一位不太熟的朋友追著天空裡的東京鐵塔亮光，追了幾條街，卻找不到通往鐵塔的捷徑。在小巷裡奔跑，嘴裡吐出白煙，寒夜裡失去方位的感覺，很像掉進時空漩渦裡，跑到額頭都痛了起來，於是作罷。那位不太熟的朋友，後來也沒聯絡了，連名字都想不起來。

往後就在日劇和電影裡，反反覆覆跟東京鐵塔相會，關於純愛的、不倫的，或職場劇那些懊惱洩氣的上班族，跟同事站上辦公室所在的建築頂樓，以東京鐵塔為背景，互相約好跟人生正面對決的劇情，東京鐵塔就默默寫進不同的人生故事裡。也有黑木瞳跟岡田准一演了作家江國香織小說改編的《Tokyo Tower》，以及 **Lily Franky** 以私小說格式書寫且改編成電影的《東京鐵塔，老媽和我，有時還有老爸》。但真正想要在去東京鐵塔的強烈誘因，應該是電影《ALWAYS 三丁目の夕日》。有很長一段時間，我的電腦螢幕用的是這部電影的宣傳桌布，黃昏暮色裡的東京鐵塔，成為網路世界一鍵連結到日本的入口，以那樣的形式作為時空穿梭的旅行，終點是與電影同個昭和年間的鈴木汽車行，暴躁的老闆是堤真一，溫柔的老闆娘是藥師丸博子。

以為這些理由就已經足夠了造訪東京鐵塔的動機，過去很介意那是觀光客行程，自從充滿愛意的目的寫入內心，前去東京鐵塔的理由就變得既寫意又堅定。尤其觀光客一窩蜂去了晴空塔之後，東京鐵塔適度的寂寞跟空曠或許更好。

後來翻閱舅舅顏世鴻醫師的《青島東路三號》書稿時，發現顏醫師的二舅，也就是我外公的弟弟張錫祺，是台灣高雄第一位開業眼科醫師，有可能在一九一五年前後入學正則高校，那學校就在東京鐵塔附近，以此為旅行探索的目標，不是

肩負什麼歷史使命，而是類似時空穿越的好奇。我在外婆的相簿看過張錫祺醫師的照片，應該是寫真館拍的，身子微微側坐，臉孔卻正對鏡頭，可能是那個年代的寫真風格。外公長相倜儻瀟灑，弟弟張錫祺也稱得上俊美，不知他穿著高校制服走在一九一五年的港區，是什麼模樣。

搭機出發前往東京巨蛋觀戰 WBC 之前，先上網查詢正則高校位置，那時雖申請海外手機漫遊上網，但費用不便宜，於是在隨身小本子手繪地圖，根據正則高校官網的說明，從地下鐵三田線御成門站五號出口，徒步應該在五分鐘以內即可抵達。

二〇一三年三月十日，東日本地震發生兩週年前夕，一早在護國寺意外參與一場追思法會之後，前往武道館與靖國神社，為了躲避午後強風，在靖國神社前方的賣店吃了一盤廟會祭典常吃到的日式炒麵，聽著一旁穿著米色風衣的老爺爺們，以口琴伴奏，唱著戰時流行的愛國歌曲。

強風歇息之後，拿出隨身小本子，翻到出國之前手繪的正則高校地圖，決定前去，一併把始終未曾去過的東京鐵塔也走完。

三田線是生疏的地鐵路線，仗著手上握著地圖，原本還信心滿滿，可是從御成門站五號出口鑽出地面時，並未看到地圖標示的大樓，抬頭雖可看到東京鐵塔赤紅色尖頂，但是根據手繪地圖的相對位置比對現實街景，卻毫無頭緒，好不容易找到地圖上的步道橋，可是下橋之後又遇到岔路，根據直覺挑選其中一條小路，經過Prince Hotel，再往下走可能就是芝公園和增上寺，於是再繞回來，感覺正則高校就在迷路的無限迴圈裡面，明明很近，卻無法抵達，剎時覺得煩躁，跟自己發起脾氣。那天因為PM2.5十分嚴重，天空灰濛濛的，原本的期待也就像受潮的牆面一樣，一片一片剝落，旅途類似這樣的迷路，最洩氣。

週日的關係，那附近又是學校集中的文教區，路上幾乎無往來行人。我聽著自己的腳步聲，看著自己呼吸吐息的白色霧氣，偶有獨棟住宅轉角冒出慢跑的人，卻毫無正則高校的標示，越走越心虛。

過了芝中學的校園圍牆，站在巷口愣了許久，掙扎著到底要不要放棄時，突然瞥見巷內另個圍牆邊，有個大看板，看板上面，幾張黑白人頭照，幾張黑白建築圖片，也許是異樣的時代氛圍牽引，決定走入巷內，才發現那裡竟然就是正則高校正門。

正則高校創立於明治廿二年，一八八九年。藉由庚子賠款獎學金來到此地就讀的台灣少年張錫祺，約莫一九一五年前後，就是從這個校門走入正則高校，從時間點推算，可能在第二任校長神田乃武任內。

那個看板，或許是時間的缺口，按照日劇情節發展，廣告之後，應該就回到一九一五年了吧！

一百多年前，台灣少年站在校門前方仰望天空，到底看到什麼時代風景？學校周邊又有什麼建築？西元一三九三年興建的增上寺跟一八七三年開園的芝公園已經存在，東京鐵塔是一九五八年才竣工，地鐵三田線則是一九六八年過了耶誕節才通車。從正則高校畢業的台灣少年，應該是搭乘一八九四年開通的總武鐵道前往千葉，開始他在千葉醫專的學習，那時候的鐵道，會不會就像宮崎駿電影《風起》描述的那種樣貌，應該是吧！

那個 PM2.5 讓人頻頻打噴嚏的黃昏，站在校門看著正則高校的歷史看板，一百多年的時光快速翻飛。所謂穿越時空，Time Slip，至今依然是個無法透過科學驗證的傳說，只存在動漫和電影與小說裡，真是討厭。

後來登上東京鐵塔展望台往下俯瞰，才發現正則高校其實就在鐵塔不遠處，周邊既有高樓，也有緊鄰的獨棟房舍與蜿蜒的巷弄，還有墓園和寺廟。可能是俯瞰的角度關係，那些明明有著人生日常的街景，卻像模型一樣，超越現實，狀似模擬。

由於空氣品質太差，因此看不到遠方的富士山，離開展望台之後，並沒有去逛情侶喜歡的水族館，而是找到電影《ALWAYS 三丁目の夕日》的街景模型，我趴在那模型的透明罩子上，鼻尖幾乎貼著壓克力，想透過專注冥想的功夫，看看能不能瞬間跳入模型裡，可惜那又是 Time Slip 的功夫，希望有生之年，能夠看到科學家找到那個缺口，總不能每次都靠好萊塢的《回到未來》或是阿部寬的《羅馬浴場》才能如願。

模型展示場附近，有一台投幣機器，只要輸入自己的出生年月日，就可以列印當天的《讀賣新聞》復刻版。當時口袋裡除了萬元紙鈔之外，沒有零錢，只好作罷。離開之後覺得懊惱，去旁邊的賣店兌換零錢不就好了，容易放棄是我性格裡的弱項，真是扼腕。

離開東京鐵塔之後，又在那附近徒步走了好大一圈，想像著一九一五年前後來到此地求學的台灣少年張錫祺，呼吸著怎樣的時代氣息啊，真想遇見他。

路過荷蘭大使館，又在那周邊撞牆似地迷路，索性也不擔心了，就順著風走，遇到岔路就隨興轉彎，何況天黑了，只要抬頭，就可以看到光亮的東京鐵塔，像任何電影或日劇那樣，握拳就可以替自己打氣。

終於走到大馬路，馬路旁的料理小店飄來烹煮柴魚高湯和烤魚的醬燒香味，最終沿著櫻田通，從神谷町車站搭乘地下鐵日比谷線離開，離開一九一五年的台灣少年曾經度過的高校歲月，以及終於如願造訪的東京鐵塔。

有故事前導的旅行，最是深刻。

後記：

一九一五年前後，入學正則高校的台灣少年張錫祺，是外公的親弟弟，母親口中的二叔。一八九八年出生於高雄旗後，先祖是英商怡記洋行店東，公學校畢業之後（也有一說是在神戶就讀小學），進入台灣銀行當練習生，後來考取庚子賠款獎學金，前往日本留學。曾入學東京正則高校，接著考取千葉醫專。一九二五年返回高雄，翌年在高雄新濱町創立光華眼科，是高雄第一位開業眼科西醫。一九二九年因參加孫中山過世兩年的南京奉安大典，結識蔣渭水和謝雪紅。戰前赴上海開設光華眼科，創立東南醫學院，曾經幫毛澤東的妻子開白內障手術。當時幫窮人手術不用錢，幫富人手術黃金一條。戰後創立安徽大學，寫了中國第一部《眼科學》與《眼底圖譜》，參加柏林博覽會得到優等賞。張錫祺在日留學期間，與日本帝國陸軍中將馬場正郎之女相戀成婚。聽過家族長輩稱呼醫生娘為Saji，本名為馬場崎債子，死後夫妻合葬於安徽大學校內。

松陰復仇之旅

半日之內，自以為幫松陰老師復仇了，但其實什麼也沒做，只是一場小旅行而已。因為地鐵一日券，還去了一趟日劇巡禮。

對「吉田松陰」的認識來得很晚，直到二〇一三年 NHK 大河劇《八重之櫻》才有機會經由小栗旬的演繹，對這個影響日本歷史的大人物，有了粗淺的印象。松陰先生短暫幾集出現在山本覺馬和山本八重兄妹之間，是個亂髮飄逸，背著厚重行囊四處遊學的長州藩武士，但該劇主軸在會津藩多舛的命運和八重這女性角色的一生，然而這檔大河劇卻也是帥哥如雲的奢華卡司，對於吉田松陰的生平並未有太多著墨。唯獨劇情來到松陰先生因安政大獄牽連被捕，小栗旬穿著潔白素衣從容就義那段，令我忿忿不平。

《八重之櫻》的收視率據說悽慘無比，但我耐住性子追劇追到新島襄與八重成婚，創立同志社大學。後來在關西旅遊時，於新幹線月台看見同志社大學招生海報上的新島襄黑白人像，隨即又想起吉田松陰遭斬首那幕情節。月台涼風凜凜，我手裡握著自動販賣機投幣買來的滾燙罐裝咖啡，內心想著，先知果然不見容於亂世，要定人生死都看掌權者臉色，但我對那段歷史並未深刻到足以評論，純粹只是大河劇觀眾的情緒而已。

翌年追完接檔的大河劇《軍師官兵衛》之後，迎來收視率跌到谷底的《花燃》，這劇找來伊勢谷友介飾演吉田松陰，台灣有線頻道上了中文字幕播出時，已經是二〇一六年早春時節，在出發至東京旅行前夜，恰好演到吉田松陰被捕，下一集就會在江戶傳馬町監獄遭到斬首，因為錯過那集，竟有天人永隔的憾恨，決定走一趟位在東京世田谷的松陰神社，致敬也好，憑弔也罷，既然在內心跟松陰先生說好，就不可以爽約。

查詢路線時，發現主導安政大獄的大老井伊直弼在「櫻田門」遭暗殺後，安葬於「豪德寺」，竟然也在世田谷鐵道沿線，和松陰神社相去不遠，既然要復仇，那就一併做個了斷吧！

當日先在澀谷車站購買「東急 One Day Open Ticket」（東急ワンデーオープンチケット），一日之內東急鐵道無限次數搭乘，恰好足夠我在世田谷沿線進行一場歷史與心靈的復仇小旅行。

站在車站通道研究牆上的路線圖之後，卻先搭上東急東橫線來回一趟中目黑，探訪日劇《最高的離婚》場景所在的那條櫻花盛開的中目黑川，希望可以遇見喜歡櫻花的星野結夏跟討厭櫻花的濱崎光生。

櫻花尚未滿開，附近店家還在搭建祭典棚架。沿著川邊步道，找到劇中那家洗衣店，抬頭看樓上陽台，飾演結夏的尾野真千子就是從陽台探出半個身子拚命揮手，跟飾演光生的瑛太說再見。我當然沒有遇到劇中那對愛吵嘴的年輕夫妻，卻在緊鄰洗衣店的公寓門口，和一對老夫婦擦身而過。兩人似乎在嘔氣，也不說話，只是互相怒視，誰也不願意退讓。我一路走著一路回頭，看見老先生杵著枴杖，吃力走下階梯，拉著老太太回家。

那是變老之後的結夏與光生吧……忍不住內心一陣暖意，笑了出來。

再度回到澀谷車站，先從迷宮一樣的地下通路找到田園都市線，到了三軒茶屋再出站走一小段路，轉乘路面電車世田谷線。僅僅兩節車廂運行，進站出站的各班列車色澤與造型各有不同，車頭有司機員，車尾另配置一名乘務員，我拿的是一日券，亮票即可。

平日午後，世田谷線經由的區域又是寧靜住宅區，列車行進平緩，若不是趕著去「復仇」，仗著一日券的便利，就那樣來來回回幾趟，偽裝成世田谷在地居民，好像也不會被識破。

抵達「松陰神社前」，也許是大河劇效應，站前商店街一路都有松陰神社的箭頭指標，甚至有一家名為「松下村塾」的商店，販售吉田松陰及其弟子的相關商品，充滿維新志士同人團體的氣味。每年十月底，商店街還會與神社共同主辦「幕末維新」祭典，牆上有上一年度還未撕去的海報圖像，看起來卻像動漫宅的cosplay。

松陰神社的松下村塾復刻建物正在整修，神社例行的開運厄除或七五三參拜等事務，與其他神社並無不同。以松陰先生為首的烈士墓地就在神社境內，我站在墓前，雙手合十，報告了自己來自台灣，因大河劇認識松陰先生，又想起該不該以日文再重複一遍，不過松陰先生腦袋聰穎，應該能理解。

神社周邊的烏鴉叫聲特別響亮，那啼叫聲彷彿從雲層穿透直下。想到松陰先生因安政大獄連坐被捕，他對幕府坦白招供意圖暗殺老中的計畫，江戶奉行所原本判決流刑外島，他卻主張判「死罪」比較妥當，因此觸怒了井伊直弼，把流刑改為斬首。

吉田松陰在獄中留下遺書「留魂錄」，給弟子的辭世詩寫著：「身はたとひ武蔵の野辺に朽ちぬとも 留め置かまし大和魂」（縱使身朽武藏野，生生不息大和魂），雖說享年三十歲，其實只滿二十九。

真是快意的一生啊，短暫的二十九年。當時我站在松陰先生墓前，腦海一瞬，浮現這樣的喟嘆。往後被後代歌頌，找來飾演松陰先生的都是瀟灑的演員如小栗旬和伊勢谷友介，相較之下，下斬首令的井伊直弼年紀大多了，就沒有花美男的演員福利。從戲劇視野和卡司安排來看待一百五十年前的幕末維新風雲，也唯有現今的太平盛世才有這種任性的權利。

松陰神社

離開的時候，再回頭雙手合十道別，總算了一樁心願。

返程又走進商店街，那幾間熟食店的菜色頗吸引人，但我接著要去井伊直弼墓地所在的豪德寺，手裡拎著串燒或佃煮的熟菜餐盒，怎麼想都不對勁，只好作罷。

重新搭上世田谷線路面電車，來到「宮の坂」，穿過住宅區，遇到幾個下課的小學生，跟他們打招呼，他們也鞠躬回應，喊得超大聲，實在可愛。

來到豪德寺，傳聞是招福貓發源地，原本灰暗的雲層透出夕陽餘暉，數量驚人的右手招福貓部隊，在夕陽折射之下，好似發出波長不一的密碼，看起來像某種祕密聚會，貓成員正在集體發功，啪啪啪的電波發射，如電線走火的特效。

站在井伊直弼墓前，我應該已經跟那個時代和解了。不管是吉田松陰還是井伊直弼，不管是安政大獄還是櫻田門事變，兩人離世相距四個月，他們都為曾經的執著與想法付出代價，他們所做的決定與席捲而來的風暴，也都在後世開出意義深遠的花。

傍晚，走出地鐵有樂町線櫻田門車站，看著對街的警視廳大樓，日落之後冷風颼颼，拉起衣領也不足以抵擋時代曾有的風霜。歷史上的櫻田門事變發生在大雪的三月，搭轎進城的井伊直弼先是遭到槍擊，最後被拖出轎外斬首。櫻田門外死傷慘重，雪地裡皆是鮮血，而今卻是地面清潔，還有不少人沿著皇居外圍跑步或騎單車，多的是名牌跑鞋與運動專業裝扮。平和的氣味。

擠在下班尖峰時段的電車裡，幻想那些穿著長風衣的男性上班族，會不會是一百五十年前，因為吉田松陰在安政大獄遭斬首而崛起的世代投胎轉世來的另一世？幕末志士的生命與青春那般短暫而怒放，現在我們都不必受那樣的苦了，我帶著如此的理解返回當下，沒有復仇的意思了。不管是吉田松陰還是井伊直弼，現在都搭世田谷線電車通勤了吧！他們買一日券嗎？應該是定期券吧！

在世界的一隅，廣島和我的一日間

廣島和長崎一樣，
有悲傷，
也有激勵後世莫忘過往的力量，
空氣中瀰漫的已經不只是勇氣的成分了。

多年前跟團旅遊，短暫在長崎原爆公園停留，那天下著小雨，離開長崎的時候，心情有些低落。一直對遊覽車路過的雨中街景充滿牽掛，跟長崎的相處過於倉促，感覺有所虧欠。後來看了二宮和也與吉永小百合主演的《我的長崎母親》，電影裡的二宮是醫學院學生，在大講堂聽課時，原子彈投下瞬間，軀體因為高溫而瞬間消失，連遺骨都沒有，靈魂因此在戰後的母親身旁不斷出現。我看了那部電影，一直想起多年前那次長崎旅行，那時看著原爆公園一個小小紀念碑，描述受到原爆傷害的小女孩，孱弱喊著，「給我水，給我水」。

沒想到一直無機會再造訪長崎，卻去了廣島。

讀完河野史代的上下冊漫畫《謝謝你，在這世界的一隅找到我》，已經是出發前往日本旅行的前一個深夜。旅行計畫早在半年前就已經決定，半年的時間，變數很多，想去的地方一改再改，天氣是考量因素，櫻花滿開與否雖是顧慮的重點，想要避開人潮才是「孤僻一人旅」最麻煩的地方。那幾日不斷看到日本媒體對於這部漫畫改編成動畫電影的評論報導，從最初單獨幾個小廳放映，再因為觀眾口碑而寫下票房奇蹟，甚至在電影獎項擊敗新海誠的大作《你的名字》。然而我讀漫畫原著的過程，卻一直想著廣島。

翌日早班飛機，非得早起不可，但是陷在漫畫故事裡的情緒很濃稠，睡前做了決定，一定要去廣島。想看看那個被投下原子彈的城市如何存活下來，如何讓大聯盟等級的黑田博樹那般有情有義返回廣島鯉魚隊效命，這個球隊甚至拿到前一年的中央聯盟冠軍。

從住宿的大阪天王寺出發，清晨七點不到，就已經在新大阪站新幹線月台候車。使用JR關西廣島地區周遊券，只要是自由席都沒有問題，直接上車，不用追加任何費用。一路經過神戶、姬路，過了岡山，往廣島的方向前進時，想起漫畫原著的某一格，昭和二十年七月（西元一九四五年），「他們說前天炸到岡山了，今晚說不定就輪到吳市。」「這下糟了，得多打些水儲著……」那是原子彈在廣島落下的前一個月。

漫畫主角是從廣島嫁到吳市北條家的阿鈴，經歷戰爭種種，日夜躲空襲警報，還失去親人摯友。聽說廣島被「新型炸彈」轟炸，火車停駛，娘家的訊息中斷，吳市的婦女集合起來編織草鞋，「請問編這些草鞋要做什麼用？」「……要送去廣島。」「咦？」「上個月的空襲把馬路都融化了，穿鞋子走路會黏住，穿木屐又會陷下去……」

從新大阪出發，一個小時就抵達廣島，換了月台，轉搭山陽本線之前，在月台自動販賣機投幣買了一罐熱咖啡。車廂內有許多結伴出遊的熟齡長輩，還有不少西洋臉孔的背包客，我想起漫畫裡的那段編織草鞋的情節。

山陽本線抵達宮島口之後，隨即看到渡輪站，渡輪抵達宮島時，站前插滿「平

清盛」誕生九百年的紅色旗幟。

在島上慢慢散步，繞嚴島神社一圈，再往山上走，坐在山頂佛寺某個休憩處的簷廊底下，喝著廟方準備的熱茶，聽著廟內誦經聲，遠眺廣島市區的方向，如果是一九四五年八月那天，站在這個高處，美軍戰機會不會從頭頂飛過？

搭乘渡輪離開宮島，上岸之後，小跑步衝進廣島電鐵二號線的車廂，從宮島口出發之後，有好長一段運行路線都在偏僻鄉間，有專屬鐵道，不必跟其他路上車輛並行，甚至有些路段貼著山壁，可以聞到山壁的青草氣味。我搭乘的是傳統單節車廂，司機旁邊的機器除了可以投幣找零，還可以感應各類票卡，甚至可以儲值。小學生上下課自己搭車，老人家也普遍使用智慧型手機感應支付票款。廣電進入市區之後，成為路面軌道電車，必須跟一般車輛停等紅燈，遇到道路壅塞時也必須減速。在「原爆DOME」站下車，看到原為「廣島縣物產陳列館」的原爆倖存建築，現在已經登錄為世界遺產的「廣島平和紀念碑」矗立在前方時，在站牌底下站了好幾分鐘，深呼吸，才有勇氣走過街，那畫面實在很震撼。看到遊客以建築背景，比出YA的手勢開心拍照時，突然覺得難過，我真的笑不出來。

一九四五年八月六日上午八點十五分十七秒，B26 戰機以廣島縣物產陳列館西邊的相生橋為目標投下原子彈，四十三秒之後，在距離建物約一百五十公尺的上空爆炸。

原子彈炸裂後，建築物在零點二秒之內，被日光照射能量數千倍的熱線包圍起來，地表溫度達攝氏三千度，零點八秒之後，前方的衝擊波與後續的暴風壓強襲而來，一秒之內，三層樓建築本體幾乎全壞，只剩下中央部分與外牆倖存。當時在建築物內辦公的內務省職員約三十名，只有一位因為騎腳踏車外出因此倖存，其餘全數罹難。

相生橋只剩遺跡，漫畫裡的北條家媳婦阿鈴，婚前曾經在那橋上，以畫筆素描物產陳列館的建築模樣。

西元一九一二年，也就是大正元年開業的廣島電鐵，在原爆當日，一百二十三輛電車之中，有一百零八輛遭受全燒與半燒不等的損害，市內全線停駛，經過三天，一部分區間恢復通車。當時受到損害的部分「被爆電車」，至今依然保存，甚至有些車輛還在運行中。往後每年八月六日，上午八點十五分，行經原爆紀念公園周邊的電車，會在那個時間點，於就近的站牌臨時停車，司機與乘客會進行一分鐘默禱。

原爆紀念公園內，有精通各種語言的志工向來訪的各國遊客講述原爆歷史，並呼籲簽署放棄核武連署書。廣島的歐美旅客比例相當高，許多西洋臉孔的年輕人與小孩，跟日本當地志工一起盤腿坐在公園，學習摺紙鶴。任內曾經來訪的美國前總統歐巴馬親手摺的紙鶴，陳列在「廣島平和紀念資料館」。

離開原爆公園，再次搭上廣島電鐵路面電車，這次是較新款的雙節車廂，除了司機之外，後方車廂還有一位隨車服務員。抵達廣島車站時，已經天黑，來不及去「吳市」，也就是阿鈴嫁去的北條家所在地。而那天在車站不遠處的廣島鯉魚隊主場馬自達球場似乎有比賽，但我必須搭乘新幹線離開了。

三個月後，在電影院看了原著漫畫改編的動畫電影試片，不斷想起四月櫻花滿開的廣島一日，想起自己一個人坐在「國立廣島原爆死沒者追悼平和祈念館」的地下圓形悼念空間裡，四周環繞著代表著原爆當時犧牲者數目的十四萬片瓷磚，安安靜靜的空間裡，身心靈沉澱下來，那時想著，千萬不要讓這些犧牲變得沒有意義啊！

在世界的一隅，跟廣島相處的一日，我還會再來。至於，動畫電影沒有說出來的祕密，關於阿鈴迷路途中相遇的神祕女子白木蘭的身世，還是要看原著才明白，那又是另一段動人的故事。

PART 3

於是去了福島

如果不是工作上的邀約，或許不會那麼快就決定去福島，但又覺得有些遲，畢竟距離震災之後彷彿看不到收尾的福島電廠核災事故，已經有七年了。

想去，以及不急著去，兩種意念在內心拔河。七年之間走了東京大阪京都奈良，還去到廣島、姫路、岡山與倉敷，加上九州的福岡、熊本和鹿兒島，甚至覺得直飛札幌再去一次小樽函館都是輕而易舉的決定。但為何不是去福島？嘴裡說著福島加油的同時，也為自己遲遲無法做成出發的決定而感覺心虛愧疚。

沒想到在氣候條件最嚴峻的時刻決定去福島，出發之前的所有不安，最終站在福島車站月台，望向遠方積雪的山頭時，才恍然大悟，原來一切都是最好的安排。

七年之後，你們好嗎？

降落仙台機場，往福島的路上，
心想著，
也不是類似使命那麼偉大的想法，
總之，決定了，
就想來福島看看。

二〇一八年，人在東京港區上班的高橋編輯，農曆春節之前突然敲了網路訊息問我，想不想去福島？東日本大地震即將滿七年，要不要去福島看看？他說編輯部想做一系列七周年特別報導，希望有台灣作者觀點，畢竟對日本來說，台灣是捐款幫助最大的國家。

高橋先生的母親是台灣人，父親是長住台灣的研究學者，我們用繁體中文傳遞文字訊息，他的中文充滿台灣慣用語，我常常忘記他人在東京港區，以為他所在的辦公室就在台北捷運可以抵達的某棟大樓。

去福島啊～～

春節之前，光是想像日本東北的寒冷低溫，難免猶豫起來。我對日本東北十分陌生，唯一連結就是以仙台為主場，隸屬日本職棒太平洋聯盟的東北樂天球團，還有伊坂幸太郎好幾本以仙台為故事背景的小說，除此之外，就是地震發生之後至今猶然無解的福島核災。

因為天候因素就打退堂鼓，似乎很難拿來當藉口回絕高橋先生，遲疑了幾分鐘，其中可能還有不少對於福島究竟適不適合前去旅行的顧慮，只是剎那間，我竟然在電腦鍵盤打了一個「好」，立刻就傳遞過去。可能體內某個地方發出指令，指令驅動了鍵盤輸入，替優柔寡斷的自己下了決定。

往往是這樣，做什麼「非日常」的決定時，身體惰性或說心裡膽怯的那部分會先跑出來擋在前方，阻擋自己衝動做出什麼超出能力範圍的允諾，只是內心更為堅強的那種意識到這次若放棄了、往後要成行恐怕更難的情緒，會努力撥開那些顧慮，那就出發吧，去看看福島，否則這幾年喊著「福島加油」的口號就顯得太表面了，當初的捐款是一回事，承諾要以旅行的方式幫他們加油的約定，怎麼樣都不能爽約。

機票訂好了，住宿地點也決定了，聯繫那時正好在東京的Looky前來支援攝影，我們結伴同行的行程，將是福島會津、大內宿和只見線的那兩天行程，剩下的，就是我一人跟福島的事了。Looky是合作了一段時間的網路平台主編，她是很有溫度的日本專家，所謂有溫度即是不炫耀，什麼問題都可以從她那裡挖到答案，很像有求必應的資料庫。我們之間除了作者與編輯的關係之外，是可以討論很多事情的朋友，甚至看同一個中醫。要說一人旅的經驗，她比我更資深。

二〇一八年三月十日。飛機降落在仙台機場跑道時，大概是接近七年前三月十一日那個午後，東日本地震發生的時間，下午兩點四十六分。當時警報顯示，再過一個小時，海嘯會抵達這個機場。

從機艙窗戶看出去的仙台天空，一點點陰霾，未如氣象報告預期的降雨，畢竟機率也不到百分之十。

可能是國際班機起降不太頻繁的關係，與過去經常進出的成田、羽田、關西機場相較，仙台機場海關人員的表情顯得柔軟多了，一邊檢查我的手提行李，一邊問我行程，打算去什麼地方？行李箱會不會太小？

走到國內線到達口附近的「陸奧觀光指南」（みちのく観光案内）櫃台，將出發前在網路預約的 JR 東北 Pass 申請單交給工作人員，那個時間點，櫃台只有我一個遊客，跟成田、羽田、關西機場的大排長龍比較起來，這裡跟剛剛經過的海關審查一樣，沒有緊迫逼人的讀秒計時，可以慢慢來，日文稱這種感覺叫做「余裕」。

不遠處的機場大廳柱子標示著海嘯抵達當時的水位高度「3.02M」。

地震發生之後，包括旅客，機場周邊居民，以及機場相關從業人員，約一千六百人，集中在航廈三樓避難。地震發生後的一個小時又十分鐘之後，海嘯抵達，停放在路面的汽車被沖走，航廈一樓被漂流的瓦礫淹沒，包括海上保安廳與民間直昇機在內，共六十七架小型飛機遭受極大破壞。直到隔天才有救援抵達，陸續撤出避難者。地震發生後的第五天，部分跑道清理完成，恢復起降，從沖繩嘉手納基地起飛的美國空軍運輸機飛抵仙台機場。四月上旬，仙台機場成為美國空軍、海軍和日本自衛隊聯合組成的日美合同救援活動「トモダチ作戰」（トモダチ：朋友）的據點，美軍將兩百萬噸食物飲水與毛毯經此地轉送災區，機場候機室成為美軍克難就寢的地方。

站在機場大廳豎立的大型看板前方，看著那些文字敘述與影像紀錄，久久無法言語。比對海嘯抵達當時的照片方位，慢慢走到大片玻璃窗前，想起剛才短暫交談的海關人員與觀光案內所的櫃台員工，會不會在七年前，也經歷航廈三樓的避難和之後的災後復原，那真是心力交瘁的一場夢魘啊，即使當年我只是在台灣看著 NHK 新聞播出仙台機場遭海嘯吞噬的畫面，都覺得心頭無比沉重。

搭乘空港鐵道抵達仙台車站，想起地震發生之後的二〇一三年，在台灣擁有眾多讀者的小說作家伊坂幸太郎首次訪台，對於很少公開活動的伊坂先生來說，一口氣來到台灣舉辦三場簽書會實屬罕見，他還特別為台灣讀者準備了驚喜，簽書的同時，親手在書頁蓋上「感謝台灣」的印章。

我跟他在故鄉台南有一場對談，對談之前在台南公會堂「十八卯茶屋」用餐時，台灣獨步出版社編輯提起一段往事，在地震發生之後，出版社網站突然湧入讀者探詢居住仙台的伊坂先生平安與否的大量訊息，還好伊坂先生很快就回報平安，大家都鬆了一口氣。

那時，我一邊用餐一邊用手機查詢東北樂天的比賽，伊坂先生說他對足球的興趣高於棒球，但他卻寫了一本很有意思的《某王者》，是我非常鍾愛的棒球小說。那年樂天奪下日本第一，封王戰完全燃燒手臂的田中將大，以及被球員高高拋起的星野監督，把冠軍獻給了東北災區，正如此行在機場看見巨幅的奧運金牌滑冰王子羽生結弦親筆書寫文字幫故鄉東北地區打氣一樣，充滿溫暖。

初次來到仙台車站，想起當時伊坂先生說他會在車站旁邊的星巴克寫作，原本想繞過去碰碰運氣，卻因為新幹線列車時間過於緊迫而作罷。搭上新幹線，一路往南，車窗望出去的風景，接近鐵灰色的群山還未出現初春的綠意，山頭彷彿覆著薄薄一層殘雪。萬物尚在冬眠仍未甦醒的低溫寒天裡，而我即將前往福島。

知道我將前往福島旅行的朋友，大致出現兩種反應，一是叮嚀我小心飲食，要戴口罩，要喝瓶裝水，另一種反應則表示他們已經去過福島或未來有計畫前往福島，之中甚至有人去了非常靠近福島電廠管制區的小城鎮，跟新認識的當地朋友在小酒館品嘗了一整晚的地酒。

福島在台灣以微妙曖昧的型態存在著，既遠又近，彷彿很熟悉卻完全生疏。掛念那裡直到現今都未能解決的輻射問題，反核旗幟寫著那樣的標語，希望台灣不要成為下一個福島，最初用意應該是警惕，卻把福島推得更遠。像我這樣在七年之間對福島這個地方一無所知的人，除了對「Level 7」核電事故感到懼怕，除了對管制區回不了家的那種憂傷感覺同理之外，好像什麼也忙也幫不上。

二〇一四年，我在台北華山光點電影院，看了一部久保田直監督的電影作品《家路》。劇情描述因為住所被劃為管制區而被迫離家，住進避難組合屋的一家人，包括逐漸失智的母親，一直找不到工作的長子，只能去賣春貼補家用的長媳，還有離家二十年之後突然回來的小兒子。小兒子執意回去管制區內的家，在那裡栽種、生活、煮飯、過日子。拍攝團隊實地進入管制區，那些突然被按下時間開關而歇止的住民生活痕跡漸漸蒙上灰塵，甚至長出比人還要高的雜草，被剝奪的不只是家族與生活的記憶，應該還有活下去的力氣跟勇氣吧！

電影情節提到在地居民偶有的衝突，「當時不是歡天喜地迎來核電廠，以為小市町從此就繁榮了嗎？」那過程實際反轉套進台灣這幾年也同樣面臨核四是否商轉的爭議，福島就變成反核擁核諸多情緒投射的黑洞。

出發之前，才看了出身福島郡山的作家廣木隆一原著小說改編的電影《彼女の人生は間違いじゃない》，台灣翻譯片名走往另一個毫不相關的方向，不相關到我甚至想不起來。片中的女主角在地震海嘯失去母親，與父親住在組合屋生活，平日在區役所上班，假日藉口去東京上英文課，其實是搭高速巴士到東京賣春。她看著車窗外如一群巨人列隊聳立在路邊的電塔，口中喃喃自語，「這裡生產的電力送往東京，完全以東京為中心……」

在新幹線前往福島的途中，不斷想起電影那個畫面以及這段旁白。

福島一號核電廠隸屬東京電力，而福島所在的東北六縣加上中部的新潟縣，卻屬於東北電力的營業範圍。以《鴨川荷爾摩》《鹿男》《豐臣公主》為讀者喜愛的小說作家萬城目學，在其雜文作品《萬字固定》寫過一篇關於二〇一一年夏天參加東京電力股東大會的文章。他在地震發生前一年的十二月，以每股一九六四日圓買了五千股東京電力股票，在地震發生後的第一個股市營業日，掛單拋售的東京電力股票高達五十五億股，等到三月底終於把股票賣出去時，股價已經跌破五百日圓。他跟朋友提到這件事情，朋友特地寫了電子郵件表達謝意：「震災後，我第一次開懷大笑，謝謝你。」

二〇一二年一月，在一項名為「世界最惡企業賞」（Public Eye Award）票選活動中，東京電力排名第二，在投票的NGO組織眼裡，東京電力在「無社會責任企業」的評比中，僅次於巴西礦業集團「淡水河谷」（Vale），同時入選的還有韓國三星集團。

參加完股東大會的萬城目先生說：「今後，東京電力必須跟龐然大物的對手纏鬥幾十年，那個對手是他們親手培育起來的怪物，名為核電。」這結論其實也給了台灣長年擁核派的巨大啟示，過去電力使用者深信的核電神話，而今已經是福島人的夢魘。

擅長以中文書寫的日本作家新井一二三，二〇一三年於台灣出版了《東京故事311》，其中一篇〈福島與戰爭〉，寫到地震海嘯與核電事故發生後的八個月，福島電廠到底發生了什麼，媒體依然未能追究清楚。不僅東京電力公司，甚至包括政府相關部門，顯然有不少人首先想到的都是如何明哲保身。「他們害怕自己過去的所為或所不為直接或間接引發了事故，因而日後要被追究責任。為了盡量逃避責任，那些政客、官僚和研究者盡可能控制了重要資訊的擴散。」

那麼，日本人生氣嗎？「大家都很理解那些懦弱的官員之心理運作。大家覺得，如果自己在他們的位置，也許會做一樣的事情。」因此那八個月的社會風氣，讓日本人感覺似乎回到了戰爭年代，不僅要跟輻射物質打仗，而且要聽著「大本營發表」過日子。「而地震發生後一年半，媒體已經很少報導福島核電廠事故了，並不是因為安全問題解決了，也不是因為原來住在警戒區的居民恢復日常了，而是凡人不可能一直提心吊膽過日子，心理機制不難理解，但媒體跟著凡人一起迴避現實，似乎有點不盡職責之嫌。」

二〇一八年三月十日傍晚，夕陽將月台染上一層薄薄的金黃色，新幹線列車停在福島車站月台，下車之後，約莫攝氏八度前後的乾冷。站在福島車站月台，內心想著再過一天，就是地震七週年了，福島的一切都好嗎？

下午四點多，氣溫很低，陽光卻很刺眼。拉著行李箱走出車站，才意識到自己低估了東北三月冷天的強烈尾勁。只是跟我走在同一個方向的福島人，他們的穿著已經出現春天的起手勢了，而我這來自台灣的體質，卻哆嗦得直打顫。

走出車站，往東口方向，先經過一處停車場，停車場旁邊是一棟綜合大樓，一樓是超商，樓上有補習班，剛從學校下課的學生，陸續上了電梯，進入夜間補習的日常下半場。

我在東橫 INN 櫃台出示會員卡，工作人員問我要不要兌換累積紅利點數，可以有兩晚免費住宿優惠。我說這趟算出差，優惠等著下次旅行吧，工作人員立刻笑了出來。我想起出發之前，高橋先生說，既然是出差工作，住貴一點的旅館也沒問題啊！

跟東京大阪地區會遇到的白領上班族不同，這裡的東橫 INN，有很多穿著淺藍或淺灰色工作服的藍領工作者，幾乎都是雙肩背包，手上提著工具箱。

卸下行李，重新走回福島車站覓食。原本打算去吃高木直子漫畫提到的圓盤餃子，只是當晚更需要暖胃的熱湯，看到站內一家餐廳門口掛著冬季限定的蝦仁鹽味拉麵海報，加了很多我熱愛的青蔥，立刻被說服了。原本就不熱中排隊名店，吃東西相信緣分，瞬間做了決定，沒有太多猶豫就走進去的店，可能是基於相遇的機緣吧，會覺得特別好吃。果然湯很清淡，麵條是我喜歡的細麵，蝦仁量多，滋味也很鮮甜，八八〇日圓也不貴，向來是「只要有蔥就給分」，滿滿青蔥更是徹底被取悅了。

相較於濃郁湯頭，我更喜歡清淡，濃郁湯頭在聲勢上本來就容易取勝，但是能做出清淡又吃得出湯頭的層次感，那才是厲害。對於這種旅途中的不期而遇，也不想大肆宣傳做什麼美食背書推薦，希望那樣靜靜相遇就好。

點餐的時候，店員曾經問我要不要多付三九〇日圓，加購一盤福島名物圓盤餃子，但是熱熱的湯麵應該足夠了，吃麵又吃餃子，恐怕會過量。

吃過晚飯，看見對街有一座發出七彩光亮的電力塔，順勢就過馬路前去瞧瞧，發現那裡竟然是東北電力的營業所。七彩光影倒映在人行道上，彷彿琴鍵，我在寒夜裡跨大步，盡量踩在顏色中央，嘴裡唸著，紅橙黃綠藍靛紫。冷風吹得頭有點疼，趕緊返回車站，在旁邊的百貨商場地下街藥局，買了一盒EVE，心想，

中合
KA
GO
地元から
地元の店で
街を元気に

備用也好。

返回旅館之前，到超商買了在地牛奶「酪王」，這是在日本各地旅行的習慣，一定要喝一罐當地牧場生產的牛奶，已經成為儀式了。回到房間上網查了一下，是位於福島郡山的在地酪農，從一九四八年生產至今。在臉書貼了牛奶外包裝照片，立刻有人留言，怎麼敢喝？但我一口氣喝完三百 c.c.，還打了一個嗝。

福島的樣子

傍晚坐在福島車站前方的古關裕而紀念雕像旁邊，
每整點聽著作曲家的作品旋律，
而今已經成為我思念這個地方的鄉愁了。

出發之前，內心一直在想這個問題，現在的福島，究竟是什麼樣子？

福島不會只有一個樣貌，我相信每個前去福島的人，對於福島的看法，會跟他原本對福島的認識、成見，或對於他所接觸的福島區域與福島人，會有很大的關連。福島的幅員大約超過台灣三分之一面積，其中還以奥羽山脈和阿武隈高地作為區隔，多數台灣人透過報導所認識的福島，侷限在發生事故的福島一號電廠，以及靠近電廠的管制區雙葉與相馬，以為那就是整個福島的全貌。

比對福島一號電廠與這次旅行預計前往的福島市、二本松、會津地區的相對距離，如果放在台灣，應該是哪裡到哪裡。距離可能是左右核災恐懼的條件，當然還有風向，水的流動，人為的決策，媒體報導，世間輿論，或所謂的流言。

福島車站與發生核災事故的一號電廠相隔六十三公里，大概是台灣國道一號圓山交流道與新竹湖口服務區之間的距離，這裡不是管制區，這裡是東北新幹線「やまびこ」（YAMABIKO）跟山形新幹線「つばさ」（TSUBASA）會停靠的車站，從仙台到這裡，搭乘新幹線只要二十幾分鐘。

福島車站早在一八八七年就已經開設為一般車站，一九八二年東北新幹線通車，而今的車站是地震之後的二〇一五年重新改建的建築，作為 JR 東日本選定的「環保車站」示範站，大量導入再生能源設備，除了屋頂架設輕量型太陽能板，還利用地熱發電供給站內空調電力，也首次將有機薄膜太陽電池實用化。我對有機薄膜電池非常感興趣，頂著刺眼逆光閱讀牆上的文字說明，原來橫貫車站東西出口的高架月台通路兩側玻璃窗，共設置二十片薄膜電池，發電量為二六〇瓦，可以供給五顆六〇瓦的 LED 燈泡約五個小時的電力。吃盡核災苦頭的福島縣，希望在二〇四〇年達到百分之百再生能源的願景。

後來有幾天，在那個月台通道走來走去，經常停下來對著那幾片薄膜電池，表達了加油打氣的心意，可能特別是在福島這個地方的原因吧，這種情緒特別濃烈。

福島車站周邊被飲食購物娛樂各種機能設施包圍，咖啡館或速食店，生鮮超市或藥妝店如松本清，或台灣人熟知的大創與無印良品，大型書店也有，大抵和姬路、岡山、廣島車站的感覺很類似。如果不是上下班尖峰時間，車站周邊不管是空間還是人潮流動，都處在寬鬆自如的狀態。

車站東口有個圓環狀的巴士站，巴士站對街是在地老鋪百貨「中合福島店」，外牆正在進行大螢幕改裝工程，鷹架上方垂掛著大型布幔，「本地人幫本地人打氣，讓地方恢復元氣」的標語十分簡潔卻充滿力量。我內心想著，這七年以來，雖然出事的核電廠跟管制區位在東邊海濱，但是包括西邊的會津地區和福島、郡山所在的中通區域，整個福島在地產業，大概都因為核電事故一起陪葬了。外人對於福島的觀感和誤解，甚至造成某些到外地避難的居民與學童遭到霸凌，福島人說不定是以在地人幫助在地人的精神覺悟，面對震災後的輻射以及因為輻射造成的「風評被害」，打了一場又一場的持久戰吧！

東口有作曲家古關裕而的雕像，這位生於明治、逝於平成、出身福島的音樂家，而今面帶微笑坐在鋼琴前方，他生前創作的名曲旋律，輪流在整點成為迴盪車站周邊的報時音樂。我恰好在正午聽到他為甲子園高校野球譜的〈栄冠は君に輝く〉，黃昏則是聽到〈福島夜曲〉。包括早稻田與慶應大學、讀賣巨人、阪神虎、中日龍的加油歌旋律都是出自他筆下，他不僅幫母校福島商業高校寫了校歌，全日本高達三百多校的校歌也出自他的創作，生涯作品超過五千首，福島車站月台發車音樂也採用他譜寫的旋律。據說他作曲時不依靠任何樂器，所有旋律全部在腦裡完成。福島車站並不像都會區車站那麼擁擠，周邊腹地也還算空曠，因此古關裕而創作的名曲旋律響起時，感覺迴音特別深邃。

二〇二〇年春天開始播出的 NHK 晨間小說劇，以古關裕而的一生為雛形，一般晨間小說劇大概都是以女主角為重點，上一部以男主角為主的小說劇，是以 Nikka 威士忌創辦人竹鶴政孝為故事原型的《マッサン》（阿政與艾莉）。

車站旁的 S-Pal 生鮮超市，把福岡跟福島生產的草莓擺在一起當作主力促銷，

對當地人來說，他們會選擇遠在九州福岡的草莓，還是支持福島在地生產的草莓呢？從現場備貨量看起來，兩邊勢均力敵，我站在那附近觀察了一下，想看看顧客的反應，之後又覺得這種行為毫無意義，就按照計畫去了位於西口的福島觀光物產館。

福島在地釀造的清酒，曾創下全國比賽五連霸的紀錄，從台灣出發之前看過一則報導，提到位於福島縣內陸奧會津地區喜多方市的大和川造酒廠，核災之後收到果農來信，指出自己栽種的水蜜桃，因為受到核災風評影響，觀光客銳減，幾乎賣不出去，因而「流下懊惱的眼淚」。酒廠社長因此決定用福島代表性的水蜜桃為原料，釀造出帶著甜味與米香的清酒，取名為「水蜜桃的眼淚」，第一年上市就狂銷三萬瓶。

在物產館繞了幾圈，找不到傳說中的「水蜜桃的眼淚」，於是買了福島伊達地區生產加工的水蜜桃汽水與水蜜桃布丁，還買了一直很喜歡的辣味噌沾醬。

再逛回 S-Pal 發現一家名為「三萬石」的專櫃，創立於一九四六年，是位於福島郡山市的甜點老鋪，代表性商品「ままどおる」的名稱源自於西班牙語，意思是「喝牛奶的人們」，自六〇年代販售以來，屬於長銷型甜點，據說在福島地區的公路休息站都買得到，好像已經成為福島的知名伴手禮了。一開始只買了小包裝來試試味道，吃過之後驚為天人，明明只是很普通的那種有著奶油跟牛奶香味的小糕點，但是內餡甜度恰好，外皮又很香，因為太好吃了，幾天之內只要看到就忍不住出手，原味跟冬季限定的巧克力口味都吃上癮，我原本不是甜點愛好者，卻被這款鄉土名物給圈粉了。想到往後要吃到這迷人的小糕點也不容易，竟然有些難過。有人說，離開之後會想念的，那就叫做鄉愁，那麼，「ままどおる」已經變成我的福島鄉愁了。

在福島車站旁的東橫 INN 睡了一晚，隔天用 JR Pass 搭乘新幹線，很快就抵達郡山站，隨即轉乘磐越西線前往會津地區，要去找尋 NHK 大河劇《八重之櫻》的歷史軌跡。我應該不符合「歷女」的定義，沒那麼執著也沒那麼專業，只是對時空重現的魅力太過迷戀，也不只歷史，還有日劇與電影場景，以及小說描述的風景，都想親眼去看看，想辦法融入景色之中，想像自己與那些角色相會，甚至重疊。如果這世間真有穿梭時空的可能，旅行應該是最接近的魔法，所以才有時

空旅人這種頻頻出現在文學與戲劇的角色吧！想要成為時空旅人啊，不知道什麼
時候可以夢想實現。

被八重之櫻召喚來到福島會津

站在會津若松車站前方，
心裡卻是想著，
一百五十年前的吉田松陰或許就是在這裡跟山本覺馬相見的啊！

大概是因為 NHK 大河劇《八重之櫻》的召喚，才來到此地的吧！從福島車站出發時，在月台遠眺群山，發現山的稜線相當美，彷彿一幅巨大壁畫，山頭靄靄白雪，預告著我即將前去的地方，應該還有大量積雪，內心不免雀躍。

到郡山車站轉乘磐越西線，原本以為車廂應該很空曠，沒想到乘客還不少。是那種兩兩相對的座位，走了好幾個車廂，才找到順向的靠窗座位，花了很大力氣把行李箱放到座位上方的行李架，對面是一對熟齡夫妻，只攜帶簡便的雙肩背包，應該是近程小旅行。列車上有不少揹著滑雪裝備的年輕人，不管是雪撬或衣著顏色都很鮮豔，應該是列車會行經滑雪場的關係吧！

列車出發之後，從最初鐵道兩側少許積雪，到一整片白雪靄靄，綿延的山脈相當壯觀，天空很藍，陽光很刺眼，視野所及應該都是被厚雪覆蓋的農地，積雪反射的亮度讓我非得戴上墨鏡不可。

後來我在川本三郎的書裡，讀到他在東日本大地震之後，搭乘磐越西線所見到的風景，讚嘆六月剛插過秧的水田非常美，因為車窗外的美景，讓他有感而發，「一個人旅行時，或許因為身心都融入風景的關係，所以不太覺得寂寞。」讀到這段文字，會想起積雪的磐越西線，應該是融入風景的關係，那一路真的不會有寂寞的感覺，如果有機會在六月前後再次造訪，也想看看美麗的水田。

抵達會津若松車站時，從東京前來會合的 Looky 竟然也在同一班列車上，看到她的行李箱，大概是我的兩倍大，兩個人在月台互視，忍不住大笑。她說這趟旅行跨越東北、本州與九州，還要參加一場東京大學指導教授的退休儀式，所以大行李箱裡面，有出席正式場合的套裝和一雙高跟鞋。總之那兩天，只要看到 Looky 費力搬行李，彷彿看到行李箱裡面，折疊整齊的正式套裝跟那雙高跟鞋，朝著我揮手。

走在會津若松車站月台，大河劇的情緒一下子就滿上來，終於來到新島八重的故鄉了，有種總算圓夢的安心感。

車站張貼著「戊辰戰爭一百五十年」與「維新再考」的海報，想起幕末的會津藩士山本覺馬，也就是大河劇主角新島八重的長兄，和當時曾來到此地的長州藩思想家吉田松陰，會不會也這樣約好在會津碰面呢？一想到這裡，腦海其實出現大河劇飾演這兩個歷史人物的西島秀俊與小栗旬的模樣。

走出車站，迎向早春卻還有寒意的空氣，呼吸之間，嗅到一股會津藩的硬頸氣魄。

會津藩在一百五十年前的戊辰戰爭淪為敗者，成就了明治維新的光環，一群在戰爭中犧牲生命的白虎隊少年，而今以車站前方的紀念雕像重生，看顧著會津藩的世世代代，看他們出入這個車站去讀書、去旅行、去外地就業，從外地返家。

車站前方有一隻赤紅色大玩具「赤べこ」（Akabeko），只要按押玩具前方的紅色按鈕，就會出現甜美的女聲，「こんにちは。ぼく、あかべぇだよ。会津を楽しんでね。あかべこ音頭、聞いてみる? とっことこ会津はええとこだっぺ~」，大概的意思是說，「你好，我是赤べ，希望在會津玩得愉快。要不要聽我唱赤べこ之歌呢?會津是好地方喲!」只要有小孩子經過，都會去按一下紅色按鈕，跟著旋律手舞足蹈起來。「赤べこ」是東北方言「牛」的意思，歷史上有不少傳說，是會津地區很有歷史的鄉土玩具，據說有避邪效果。會津代表性的列車與會津若松循環觀光巴士，也有以「あかべぇ」的暱稱來命名。

將行李寄放在車站旁邊的寄物櫃，還花了點時間研究寄物櫃操作方式。在那裡遇到一位前來攀談的陌生人，還被誇讚日文很流利，沒想到最後卻是希望交換LINE，然後開始傳教，也不知道是什麼新興宗教派別，Looky的日文是東京大學博士班等級，立刻表明我們要趕車，很快就脫身，真是虛驚一場。

會津若松車站周邊高樓並不多，站內商業設施也算小巧完備，旁邊有生鮮超市，還有一家看起來頗有歷史的旅館。在車站前方可搭乘循環觀光巴士，依方向不同分別是「ハイカラさん」和「あかべぇ」兩個路線，五百日圓一日乘車券就能不限次數搭乘，大約十五分鐘一個班次。巴士站旁邊有個地下道，地下道出口有間百年食堂「マルモ」，畢竟在那裡矗立超過百年了，很容易讓人因為想要吃上一口歷史情懷而掀開簾子走進去，只是距離午餐時間還早，店門口掛著「準備中」的木頭小牌子，只能暫時放棄。

搭乘循環觀光巴士先去了武家屋敷，園內積雪很厚，陽光照射下，站在簷廊就可以清楚聽到融雪的聲音。會津藩的歷史十分悲傷，我看大河劇《八重之櫻》時，對於會津藩一再受苦的那幾集，全靠意志力才有辦法撐下來，飾演會津藩第九代藩主松平容保的演員是綾野剛，實際看了松平容保年輕時期的肖像，果然是像綾野剛一樣的俊美男子。綾野剛在二〇一三年演了一整年大河劇的松平容保之外，還演了富士電視台《最高的離婚》那位優柔寡斷的渣男，我在福島會津武家屋敷看著松平容保的生平記事時，忍不住就想起在東京中目黑把妹的那位綾野剛飾演的大學老師上原諒，對會津藩主實在有點失禮。

武家屋敷使用等身人偶重現了當初武士與其家族的生活樣貌，其中一幕重要場景是發生在戊辰戰爭末期的一八六八年八月二十三日，聽聞會津藩戰敗投降，為了跟會津若松共存亡，會津藩家老西鄉賴母的妻女跟家族成員共二十一人，選擇在西鄉賴母登城之後，集體自盡。雖不是西鄉宅邸原址，但是復刻的臨場感相當寫實，女眷們穿著白色素衣，將長髮束在腦後，幼兒由母親動手，其他人切腹自盡，以當時的時代氛圍，確實符合武士精神，現在只覺得，唉，何必如此。不管是自己動手切腹，還是旁人補上最後一刀的介錯，雖稱之為武士道的美學，但是像我這麼膽怯的人，還是覺得手段太激烈了。

站在簷廊，遲遲無法踏進去那個名為「自刃之間」的地方，根據史料紀載，當時在若松城下，選擇自盡的會津藩家臣女眷高達二百三十餘人。情緒低落之際，看到園區賣店陳列的周邊商品，完全沒有採購的興致，會津的戰爭歷史太感傷了。

中餐決定在武家屋敷站牌旁邊的拉麵店解決，名為「喜多方拉麵茶家」，很像公路休息站會出現的小店。後來才知道，福島的喜多方拉麵跟北海道札幌拉麵、福岡的博多拉麵，並列日本三大拉麵，屬於湯頭清澈的醬油口味，有不少遊客是特別搭鐵道衝到喜多方朝聖，我竟然這麼隨興，在武家屋敷吃了不在喜多方的喜多方拉麵，而且滋味真的很不錯。原本店內只有我跟 Looky 兩人，後來進來兩位大學生模樣的男生，因為沒有其他客人，因此兩組吃麵的客人都盡量小聲講話，生怕打擾到對方。

飯後繼續搭乘觀光循環巴士來到若松城，此城在戊辰戰爭中損毀，僅存石垣、土壘、堀等遺跡，一八七四年遭到解體廢城，目前看到的本丸與天守閣，都是一九六〇年代重建的鋼筋水泥建築。

別名為鶴城的若松城，還覆著厚雪，應該是融雪的關係，感覺特別冷。躲進有暖氣的遊客中心，看到 NHK 大河劇《八重之櫻》主角綾瀨遙的劇照大海報，還有吉永小百合代言 JR「大人休日俱樂部」以若松城為背景的海報，但是最吸睛的應該是戊辰一百五十周年海報，年輕的弓箭少女，直視鏡頭的眼神相當銳利，我看過戊辰戰爭當時率領女子薙刀隊的中野竹子照片，會津藩原本就是以女戰將自豪的地方，眼前這海報裡的女孩，有中野竹子重生的氣勢。

原本以為當天下午來到東日本大地震發生時點，若松城也許有特別憑弔儀式，沒想到卻如常一樣，時間悄悄滑過。走到一處名為歌碑的地方，發現是〈荒城之月〉作詞者土井晚翠親手書寫的歌詞。據說土井晚翠在舊制高校時期曾經來到若松城修學旅行，見到明治維新之後荒廢的城跡，去了飯盛山知道白虎隊自盡的壯烈歷史，因此在明治三十一年，受到東京音樂學校委託製作中學歌唱集而寫了這首詞，以他對若松城和他出生地的仙台青葉城的印象，寫下名曲〈荒城之月〉雋永的歌詞。

小時候學習過一陣子鋼琴，似乎是一本藍黃兩色封面的琴譜，有一首〈荒城之月〉練習曲，當時只覺得旋律十分哀傷，低音部分彷彿嘆息。沒想到有機會親眼見到作詞人筆跡，也想起以前父親會用口琴吹奏，是我孩提時期，除了童謠〈桃太郎〉之外，少數能夠完整哼出旋律的日本歌謠。

在若松城並沒有停留太久，又上了循環巴士到達七日町，天空突然飄下細雪，不到幾分鐘雪就停了，因此來到「阿彌陀寺」旁邊的新選組成員齋藤一墓地時，感覺有恰好的時代感。齋藤一在京都加入新選組，隸屬會津藩主松平容保麾下，戊辰戰爭時，與舊幕府軍一同對抗新政府，戰敗後，跟會津藩一起成為俘虜遭到下放軟禁。後來移居東京的齋藤一，竟然加入警視廳成為警部補。這位號稱新選組最強劍士之一的悍將，最後死於胃潰瘍，並依照他的心願，葬在會津若松阿彌

陀寺。鄰近墓地有一處新選組紀念館，門口插著大大的「誠」字隊旗。

七日町車站看起來像小巧可愛的歐式建築，也頗符合大正時期的浪漫風格。車站一旁的賣店玻璃門上，貼著「福が満開 福のしま」的七彩顏色字體。七日町沿街許多老建物與老行業，好像走入時光隧道，老建物也逐漸有新型態的店鋪進駐，若有時間，一間一間逛起來，起碼要花上好幾個小時才行。只是傍晚又飄起霧狀小雨，冷到牙齒打顫，雙腿還不自覺抖了起來，內心想著，再過幾個月，若是夏日黃昏走在向晚的七日町街巷，找一間料亭吃飯喝酒，再踏著夜色返回旅館，應該很舒爽。

從七日町搭車回到會津若松車站，取回行李，重新走回月台，今晚要去大內宿。

世界靜默下來的大內宿一晚

四周靜默下來的瞬間，
看著積雪群山，
立刻就想起岩井俊二的電影《情書》，
想對著遠方山頭大喊「お元気ですか？」
期待遠方有回音，
最好回音來自藤井樹。

原本一直想去合掌村，或是京都的美山地區，資料跟交通方式都查過無數次了，沒想到，反而先來到福島會津大內宿。總之是那種尖尖的茅葺屋頂，四周被綠意環繞，彷彿童話意境。

從會津若松車站以 **JR Pass** 搭乘電車往「湯野上溫泉站」途中，列車長前來解釋，JR過了「西若松」就進入會津鐵道，要另外補票。

沿途先是上來一群高校女生，過了幾站，又上來一群高校男生。男女互相偷窺，卻又不敢靠近，就算某個女孩旁邊有空位，男孩也情願站著，以自認為最帥的姿勢，低頭滑手機，聽著耳機裡的音樂，但眼角餘光偷偷觀察女孩的一舉一動，彷彿親衛隊。霎那間，覺得自己好像走入純愛電影的場景，打擾了他們的曖昧。

還在降雪的季節，女孩們卻穿著膝上短裙，鬆鬆的白襪，露出一截不畏懼低溫的小腿，北國出生的孩子對這種天氣應該都屬於無須介意的小事。男孩有理平頭跟大光頭的，看起來應該是運動社團成員，也有頭髮長一點，用了髮膠把髮型捏整得很有型。我就那樣一路忽略車窗外的雪景，充分享受車廂內異常生猛的青春費洛蒙。

抵達湯野上溫泉站，還不到天色暗的程度，恰好是夕陽餘光最好的魔幻時刻。入選東北車站百選的建築是全日本唯一的茅葺屋頂車站。站內有溫暖的炭爐，可坐可躺的木頭地板，和整片牆的漫畫書。想起台灣北部鐵道三貂嶺車站候車室也有漫畫書，若有緣，或許可以結為姊妹車站。

當晚已經預約大內宿的古民宿「本家扇屋」，如果是四月到十一月的旅遊旺季，湯野上溫泉站會有定期巴士「猿游號」往返大內宿，至於寒冬積雪季節，只能在網路訂房時，與本家扇屋約好接送時間。

江戶時期，大內宿就是會津藩往來江戶幕府「參勤交代」的重要宿場，茅葺屋頂的民家建築分布道路兩側，一九八一年被指定為重要傳統建物群保存區，本家扇屋有兩百五十年歷史，等待車子出現之前，一直想像，會不會來的是骨董車。

在車站工作的女士一直詢問我們需不需要幫忙安排出租計程車，雖然站外有溫泉泡腳池，但氣溫真的很低，那位女士不停喚我們回到站內等候。過了約定時間，正在猶豫要不要打電話去詢問時，突然看到一部可愛的粉紅色轎車滑進來，之前在本家扇屋網站看過的淺沼女士，從車窗探出頭來，揮手叫我們上車。

抵達大內宿時，開始飄起細雪，四周一片白藹藹，被一千公尺以上的群山環繞，大內宿就像個訊號抵達不了的「圈外」，不過這只是譬喻，因為手機還是有訊號。

繞到屋後玄關，淺沼女士遞來濕抹布，請我們將行李箱輪子擦乾淨，為了保護老建築木頭地板，進到屋內必須手提行李箱，避免刮傷地板和榻榻米。

不知為何，淺沼女士一直認為我們是日本人，還不斷稱呼 Looky 為高杉小姐。聽說我們來自台灣，淺沼女士大笑，反問我們台灣人為什麼叫高杉，但原本這問題應該是我們提出的才對吧！

老房子像迷宮一樣，淺沼女士穿著可愛的圍裙，像帶路人，在屋裡穿來穿去，邊走邊介紹，這裡是洗手間，旁邊是脫衣間，再裡面就是浴室。洗手台在窗前，可以在那裡洗臉刷牙，但那個地方的水龍頭沒有熱水，我擔憂著，要是用冷水刷牙，會不會牙齒凍到脫落，忍不住一陣寒顫。

房間很寬敞，房內陳設看起來很像大河劇會出現的布景，煤油暖爐已經預先運作，因此房內很溫暖，看到暖桌就更興奮了，尤其暖桌上面還有甜點跟茶包與茶壺，如果擺上幾顆橘子，那就可以跟櫻桃小丸子一樣，躲進暖桌剝橘子吃，以甜點跟煎茶收尾之後，就那樣躺在暖桌底下睡著，睡到兩頰紅紅的，醒來發現功課還沒寫，上學也來不及了。

瞧見老建築的木頭柱子掛了一張黑白照片，照片裡的人物是個大圓笑臉的平頭男子，穿一件條紋和服，雙手交疊在胸前，跪坐姿勢，露出兩腿膝蓋。原以為是

民宿
本家

淺沼家的祖先，問了淺沼女士，才知道那是被當成福神的仙台四郎。

仙台四郎約莫是江戶末期到明治年間，實際在宮城縣仙台市存在的人物，本名據說叫做芳賀四郎，是一位會話能力有點障礙的智力發展遲緩兒，據說他造訪過的商店都生意興隆，在他過世之後的大正時期，位在仙台市的千葉寫真館，以「懸掛四郎照片會達到商業繁盛的利益」為由，開始販售四郎在三十歲當時拍攝的照片，屬於民間信仰的人神。後來果真在不少店家發現仙台四郎的黑白照片，已經成為東北地方的福神了。

晚餐之前的空檔，趁著天色未暗，把足以禦寒的所有裝備都穿上，在屋內繞來繞去，總算找到玄關，穿好鞋，推開門的瞬間，立刻感受到零度以下的低溫攻擊。不愧是冬季豪雪地區，往高台處的石階，因為積雪已經封閉，道路兩側的店鋪都關門休息了，似乎只剩下今晚投宿的本家扇屋還有燈光，正在備膳的廚房傳來食物的香味。

Looky走進某一條岔路之後，我的視線所及之處，就空無一人了。突然覺得眼前風景似曾相識，很快就想起，那是岩井俊二電影《情書》的某一幕，中山美穗

望著積雪的群山，對著多年前在山難中意外喪生的戀人藤井樹大喊，「お元気ですか？」

在四周靜默下來的瞬間，自己也想這樣大喊。不遠處的茅草屋頂突然滑落一大塊積雪，砸在地上的聲音，聽起來悶悶的，我停止大喊的意圖，怕叨擾了萬物在零下不知幾度的低溫裡，想要封存的寧靜。

當晚享用了本家扇屋精心準備的會津傳統菜色，滿滿一桌碗盤小盅，排成四邊對稱且顏色繽紛，彷彿什麼神祕的圖騰一樣，捨不得動筷子，怕破壞當中的平衡。

原本就聽說當晚投宿此地的，是另一位來自台灣的女生，晚餐時見到面，一開始還客氣自我介紹，聽說她剛剛結束新潟藝術季的打工，心想該不會有共同認識的朋友吧？說出朋友的名字，馬上就用手機連線，果真是共同認識的人，四個台灣女生透過網路尖叫相認，剛好端菜進來的淺沼女士應該被嚇到吧！

晚餐的量，其實超過胃的容量，只好邊吃邊起來走動，甩手或拉筋，試圖騰出胃的空間。用膳的房間有個把地板挖空的古老いろり（囲炉裏），上方架著燒開水的爐架，如果用竹籤串起香魚，可以將竹籤插入炭穴，慢慢烤熟。晚餐菜色當中有一道「こづゆ」，據說是會津藩的武家傳統料理，以干貝熬煮湯底，加上豆麩與紅蘿蔔、竹筍、芋頭、蒟蒻等食材，搭配紅色漆碗，視覺味覺都被款待了。日本料理就是這樣，小盤小碟，看起來分量都小小的，全部吃完，還要以白飯配醬菜收尾，該當是配酒配話慢慢吃才對。朋友點了當地酒造釀的地酒，淺沼女士相當自豪，說會津的水質好，栽培出來的稻米更好，釀出來的酒當然是第一等。

可能是屋內燒炭取暖的關係，感覺空氣稀薄，再加上吃飽，就昏昏欲睡。我對冬天燒炭取暖這件事情特別無法理解，不是容易一氧化碳中毒嗎？但是Looky說老建物的木頭空隙應該會滲入冷空氣，不用擔心。

住在古民家，就像到遠方親戚家裡作客一樣，房間內的暖桌和煤油暖爐都預先備妥，浴缸裡的熱水溫度調整在最舒適的四十二度，棉被也早就藏著「湯婆婆」（台灣早期也常用的水龜）溫好床。熨燙整齊的浴衣，入浴用的白色毛巾，走起來會發出咚咚咚的木頭地板聲音，一切都充滿民宿主人的體貼，所謂的盛情款待，おもてなし，應該就是如此了。

淺沼女士跟家人起居的地方，完全不會跟住宿客人的出入動線重疊，我抱著換洗衣物前往浴室洗澡時，因為迷了路，恰好路過他們的起居室，聽到門內發出電視節目的聲音。

當晚一夜好眠，卻醒得早。站在窗前洗手台刷牙時，看著窗外落下的雪花簡直入迷。洗手台所在的地方並沒有暖爐，等於跟低溫正面對決。用小盆子從浴室接熱水洗臉，發現在熱水裡搓揉過的毛巾冒出白霧，原本就很勉強的熱度立刻被空間裡的低溫吞掉了。躡手躡腳走回房間途中，向本家扇屋歷代祖先的黑白照片合掌鞠躬，打擾了，感謝旅途中的照顧。

聽說白天會有大型遊覽車來訪，町內組織早就廣播要大家開門做生意。鄰近店家有一位兩頰紅紅的老奶奶，開著煤油暖爐，盤腿坐在簷廊顧店，賣著據說可以讓貓咪開心的樹枝逗貓棒，一直問我們冷不冷，她自己卻說，這種天氣啊，一點都不冷。果然有北國不畏冷的豪情。

往高台處的石階因為積雪封閉，只能從旁邊小路繞過去，上坡還好，起碼能夠穩住重心，高台旁邊有墓地，幾乎都被厚雪掩埋，只能從雪的模樣判斷原本墓地的規模。來到高台最高處，往下俯瞰大內宿全貌，積雪的茅葺屋頂排成兩列，果然很壯觀。只是下坡路就真的走得膽顫心驚，畢竟不是剛下的雪，而是慢慢凍結的冰，很怕一個閃失就摔斷腿。剛從新潟藝術季回來的女生說她雪地經驗豐富，腳上又是很牢靠的雪靴，自告奮勇走在前方，我搭著她的肩膀慢慢移動，這種時候，果然沒有雪地裝備是不行的啊！

離開大內宿時，由本家扇屋淺沼先生開著休旅車載往湯野上溫泉站。他說大內宿的四季都美，春天被五彩繽紛的山色包圍，夏天有螢火蟲，秋天看紅葉，冬天就是雪景。地震雖然沒有造成直接損害，二百五十歲的房子勇敢挺了過來，可是地震之後的那半個月，每天都接到取消訂房的電話，之後的一整年，也幾乎沒有旅客預約，倒是近幾年來自國外的旅客變多了。我心裡想著，只懂日本話的民宿主人，卻接待著一組又一組的外國旅客，語言雖不通，憑藉的就是款待的心意吧！

東日本大地震後續引發的核災事故中，向來靠觀光和豐富物產過活的福島會津地區，雖無直接受害，卻飽受「風評被害」之苦。事件發生初始，會津產業也曾經想過要跟福島切割，但最後還是選擇跟福島站在一起，這是曾經接受台灣風尚團隊採訪的酪農業者透露的心聲。

雖然內心想著，往後要再來，只是旅行途中類似這樣的承諾，久久便累積成無法實現的負擔，真的很矛盾。

流三次眼淚的會津若松，那就珍重了

曾經是死傷慘重的戰場，
現在卻成為可以安靜憑弔歷史的小城鎮，
請一定要珍重。

離開大內宿，重新返回會津若松車站，當晚要離開的Looky將行李放在寄物櫃，然後陪我走到車站前方的東橫INN，預先辦了check in，將行李寄放櫃台。距離當天下午要搭的只見線發車時間還早，先去逛東橫旁邊的書店，走進店內才發現，那是一家創立於一九一二年，以福島為主要根據地的岩瀨書店，早就是百年老店，只是會津若松這間分店創立於一九八八年，算一算，也有三十年歷史了。

為了迎接戊辰戰爭一百五十年，會津歷史主題書成為店內主打，據說會津以外的地方都是以明治維新一百五十年為紀念口號，但是會津藩所在的地方，無論如何都不可能以這樣的名目來慶祝，會津人討厭長州藩也就是現在的山口縣，兩地結下樑子，應該有一百五十年了。不過聽說在一九八六年，山口縣萩市曾經向會津若松提出締結姊妹市的建議，理由是，「已經過了一百二十年」，仇恨應該放下，也該和解了，沒想到遭到會津若松市的婉拒，理由則是，「也才過了一百二十年而已」，何況當時的福島知事松平勇雄還是戊辰戰爭當時的會津藩主松平容保之孫，這口氣實在很難嚥下去。

倒是東日本大地震之後，山口縣萩市不管是官方或市民都在捐款和物資方面給了若松市相當大的協助，二〇一九年在若松建市一百二十周年的典禮上，山口縣萩市市長也受邀出席，幕末的敵對關係與長達一百五十年的仇恨，似乎有機會看到和解曙光。

岩瀨書店面街的地方，是一大片落地窗，窗邊有一部現煮咖啡自動販賣機，以前常在公路休息站看過這種咖啡機，第一次在書店出現，覺得有趣，當然要捧場一下。有美式、拿鐵、卡布和甜度等種種選項按鈕，投幣確認之後，先是聽到磨豆的聲音，機器落下紙杯，呼嚕呼嚕添滿咖啡之後，果然是我選擇的黃金比例。

坐在書店落地窗前，一邊喝著咖啡，一邊望著書店外頭來往的那些穿著工作制服的藍領工人，還有一些看起來應該是上學遲到的學生。

中午就決定去車站前方那間百年食堂「マルモ」用餐。推門入內的瞬間，時空似乎立刻倒轉一甲子，店內擺設看起來像 NHK 晨間小說劇會出現的場景，擦拭得一塵不染的紅色桌椅，雖有明顯的歲月痕跡，卻透出精神奕奕的光澤，加上煤油暖爐的氣味，給了推門進來的旅人，彷佛返家用餐那般自在溫暖。咖哩飯六百日圓，燒肉定食八百日圓，傳統的家庭味道。負責外場點菜送餐的是一位熟齡女士，不曉得是不是老闆娘，或根本是打工的主婦而已。女士跟店內一位正在用餐的老爺爺似乎熟識，老爺爺桌上除了餐盤之外，還有一個冒煙的玻璃杯，猜想那或許是溫過的燒酒。不知道是不是因為福島腔調的關係，還是老爺爺的痰太濃，總之，聽不太懂他說什麼，只聽到呼嚕呼嚕的一串聲音滑過去。

原本猜想，這種站前老店，說不定是老夫妻兩人經營，只是突然從廚房走出來接電話的廚師，卻是穿著潔白廚師服的青壯年模樣，看起來像法國餐廳名廚的裝扮跟氣質，卻是經營著小鎮食堂的百年口味，不曉得是幾代目了，光是想像都覺得有故事。

後來反覆回想起這間百年食堂，已經不記得店內有沒有電視機，如果有，會不會是傳統的映像管舊款機型，而不是液晶螢幕呢？畢竟那樣才跟店內的氣氛匹配啊！倒是清楚記得牆邊有一整排漫畫書，跟湯野上溫泉站一樣，以前我在東京讀語言學校時，住宿的江古田學生寮對面，有一家自助洗衣店，也是放了一面牆的漫畫書，等待洗衣烘衣的時候，可以讀好幾本。

午餐過後，反正行李都安置好了，就雙手插口袋，以雙肩背包的輕裝，搭乘只見線去神遊。跟大內宿本家扇屋的淺沼夫婦提到我們要去搭只見線，他們說這幾年也不知道什麼原因，台灣旅客好喜歡只見線。據說某年來自台灣的鐵道迷發現一個絕佳拍照點之後，只見線就成為鐵道迷口耳相傳的祕境。

只見線的班次並不多，如果想要拍攝兩列車在鐵橋相會的美景，必須搭乘清早的班次，算準途中下車的時間，還要爬一段山路，只是積雪季節，沒有足夠裝備，要爬到那個制高點，應該很危險。何況寒冬時節倘若途中下車，站在無人車站月台，恐怕等不到下班車抵達就已結凍了。自從二〇一一年新潟與福島地區因為豪雨導致鐵道受損，至今只能通車到會津川口站。在會津川口站等待返程列車時，還有些時間，慢慢往車站對面的高台走去，發現一棟學生宿舍，還有一位不知什麼原因請假的高中生，穿著短褲，獨自拍打著籃球，見到陌生人，還是相當有禮貌點頭說了午安。

車站內有個小白板，以國籍國旗和男女性別分類，用圓形貼紙計算到訪旅客人數，台灣名列首位，果然如淺沼女士說的，台灣人很愛只見線。

抵達會津川口站之後，要再往下走，就要靠巴士接駁了。不過單純想要瀏覽鐵道沿線雪景的人，大概都在這裡折返。從會津若松往返一趟大約四小時的只見線，有高山雪景、有美麗溪谷、有高聳的寒帶樹林、有積雪的農田、有遠遠望去應該是生意不錯的滑雪場、有出了隧道突然開展一整個山谷數量龐大的太陽能發電板。有水壩、有鐵橋，還有綿延不斷的山脈，山頂看起來像巧克力蛋糕覆蓋著糖霜。

大概這季節也不會有大量觀光客，獨占一面窗的四個對向座位，實在很奢侈。看雪景看得入迷時，其實就是一路冥想放空，想像那些積雪的荒野高山，很容易

会津川口

就成為推理小說裡的棄屍現場，畢竟人煙罕至，即使列車來來回回，也不會有人知曉，除非天暖之後才有機會讓命案曝光吧，我竟然想著推理小說才會有的事。

坐在只見線列車裡，沿途雪景彷彿把車窗前的自己也畫入風景中，可能是基於貪圖的慾念吧，不停用手機捕捉窗外的風景，卻頻頻拍到自已的倒影，攝入相機裡的，還不及親眼所見的風景來得美麗，於是決定專心看風景，雖說專心，腦海卻不斷飛快想著事情，這種鐵道旅行，很容易自以為是哲學家或思想家，想著想著，霎那就透徹了。

回到會津若松車站時，感覺自己就像去了一趟仙境重返人間的蒲島太郎。

Looky 當晚就要返回東京，接下來她因為買到很便宜的日本國內機票，立刻就要轉機去九州，之後還要把行程拉到山口，也就是以前的長州藩。她是一人旅的高手，據說在奄美大島投宿的旅館，遇到在當地拍戲的鈴木亮平，雖然那年他主演的 NHK 大河劇《西鄉殿》收視有點不太妙。

在車站陪 Looky 挑選當晚搭新幹線的便當，送她進月台時，兩人隔著剪票口揮手道別，那感覺好微妙，意思是，我們又各自回到一個人旅行的狀態。

正在考慮要不要再去地下道出口的百年食堂吃飯時，發現車站旁邊有個中等規模的生鮮超市，立刻決定去超市買熟食。熟食種類爆多，幾乎陷入選擇困境，既想吃配色鮮豔的便當，又想吃燒烤串，最好是簡單的鹽味燒烤。可是看到燉菜跟涼拌類的下酒菜，又覺得錯過了恐怕會後悔，最後提著似乎是過量的晚餐回到東橫INN。領了行李，在大廳的自動販賣機買了啤酒，館內自動販賣機販售的啤酒比外面要便宜一些，而且不必像便利店買酒精類飲料還要對著結帳機器點選「已經成年」的按鍵，明明自己看起來已經是標準中年人的蒼老模樣，還要被迫表態，有點多此一舉，但也不好意思為難超商員工，何況不完成那個步驟，也結不了帳。

那晚就喝著啤酒，吃著過量的晚餐跟消夜。大內宿跟只見線的雪景，雖然是白天的經歷，卻已經寫成回憶了。前一晚在大內宿一起吃晚餐，還跟人在新潟藝術季的共同朋友網路連線的我和她們，其中一人前往金澤，一人將在深夜抵達東京，而我依然留在會津若松，短暫的熱鬧相逢，再回到各自一人旅的狀態，也不是寂寞或孤單，比較接近那種聚會結束之後，一個人搭捷運回家，走在深夜的路上，突然不習慣過於安靜的腳步聲，但也僅僅是短時間的不習慣而已，等到那安靜狀態持續下去，獨立自在的準心就會重新回到軌道，就又覺得一個人來來去去也沒什麼關係了。

從十二樓房間窗戶看出去，恰好面對會津若松車站，我坐在床上，一邊喝啤酒，一邊透過額頭與玻璃窗接觸的面積，感覺外面的低溫。深夜最後一班列車進站之後，車站與月台慢慢暗下來，空無一人的街道，十二樓窗前喝得有點醉的異鄉旅人，以那樣的高度俯瞰夜景，安安靜靜，萬千情緒。

帶著醉意入睡之後，隔天清晨自然醒來，看見遠方積雪的群山景色，自以為站在窗前，終於可以跟歷史遠方的山本覺馬和吉田松陰先生揮手了。

會津若松站前的東橫 INN 早餐並沒有提供飯糰，倒是有幾種配飯的漬物相當好吃，用餐的人稀稀疏疏，不必趕著把座位讓出來。這幾年逐漸喜歡從地方機場入境，挑選偏遠小站前方的商務旅館過夜，設施不必太豪華，床要好睡，有安全逃生梯，乾乾淨淨的，就可以。

吃過飯後，喝著館內提供的免費美式咖啡，看著大片落地窗外的街景發呆，沒有計畫的一整天，很適合吃過飯之後，思緒暫停的放空。

天氣很不錯，走到巴士站，又去買了觀光循環巴士Pass，想去飯盛山看看。下車的時候，原本走錯方向，看了路邊地圖，才又往回走。看地圖辨識方位是我的弱項，比起地圖，我更相信直覺，等到直覺不斷撞牆，才又回頭研究地圖。有手機Google Map導航也一樣，特別無法理解箭頭的意思，只好走一小段，看看箭頭有沒有跟上來，我跟導航其實不太能溝通。

會津藩戰敗的少年白虎隊集體自盡之後，就葬在飯盛山。往山上的階梯很陡，真的要一步一步登頂也不是不行，但是購買門票的時候，工作人員示意只要加二五〇日圓就能搭乘直通山頂的電扶梯，示意的口吻有市場兜售新鮮魚貨的熱情，「很輕鬆就可以到山頂了喔！」在我還沒作出決定之前，對方就已經把電扶梯服務加價購的門票遞過來了。於是我一邊喝著罐裝熱咖啡，一邊搭乘有遮陽棚的電梯，絲毫不費力，一下子就到山頂了，轉眼間，日幣二五〇日圓的服務就結束了。

少年白虎隊墓園的積雪很厚，勉強只能走到「松平容保公弔歌之碑」前方，出

自松平公詠嘆的弔歌是這麼寫的：「幾人の涙は石にそそぐとも　その名は世々に朽ちじとぞ思う」，畢竟是古文，有點難懂，還好碑文下方有中文與韓文解說，意思是，「人們將淚水撒向你們的墓碑的同時，你們的英名也將永世不朽」。

想要前往高台處的其他地方，因為積雪太厚了，甚至無法判斷可以行走的地方，雖然雪地有錯亂的足跡，但很怕什麼地方踩下去可能拔不出鞋子，立刻就放棄了。

後來才知道，飯盛山還安葬了一位明治時代來到日本一橋大學和學習院教德語的德國教師 Richard Heise。據說這位德國教師到會津若松旅行時，深受白虎隊事蹟感動，希望自己過世之後可以葬在飯盛山。日本作家川本三郎說他閱讀了瀨野文教的《Richard Heise 物語：長眠於白虎隊之丘德國人的半生》才知道有這段典故，「在薩長的新政府工作的外國人，會被白虎隊吸引倒也耐人尋味。」（薩長指的是薩摩藩和長州藩，戊辰戰爭當時與會津藩敵對）

往下走的不遠處，有座興建於寬政八年，也就是西元一七九六年的木造六角螺旋狀「榮螺堂」，平成七年經國家指定為重要文化財。高度十六米半，單側長度只有三米多，正式名稱應該是「円通三匝堂」，最早祀奉阿彌陀如來本尊，獨特的螺旋梯兩側原本安置西國三十三觀音像，因為明治初期的廢佛毀釋而遭到廢寺，成為個人資產，三十三觀音像也移往他處。階梯寬度大約只容一個人行走，右旋為上路，左旋為下路，是不同的兩條路徑，從入口處往上爬，不會跟往下的其他人擦身而過，同理也在往下走的狀況，不會跟往上的人錯身。大正、昭和、平成天皇，都在皇太子時期都來過此地，堂前還有平成天皇還是皇太子身分時，與美智子太子妃來訪的黑白照片。

雖說是螺旋梯，但並不是一階一階，而是陡斜木板有著微微突出的橫紋，頂多就是減緩滑落的摩擦力而已，非得用盡力氣維持身體平衡，才有辦法完成一趟手腳並用的登頂，全身肌肉都用上了，感覺比攀岩還要費力，畢竟是國家重要文化財，走起來會有木頭的嘎嘎聲，不知道當年穿著優雅套裝和淑女矮跟鞋的美智子太子妃，如何爬上爬下，隨扈應該相當緊張。

飯盛山往下走，有一處白虎少年隊紀念館，購票入場之後，看那些才十幾歲的少年留下來的遺物，又陷入為會津歷史哭泣的悲傷情緒中。走出紀念館，遇到一位老爺爺，問我值不值得花錢買票進去紀念館，實在不知道如何給建議，只是笑了一下，老爺爺立刻說他懂了，轉身就離開。走在飯盛山下坡的石階時，我反覆琢磨，那位老爺爺到底懂了什麼。

繼續搭乘循環巴士，隨意就選了最靠近野口英世紀念館和青春廣場的站牌下車，做為日幣千元紙鈔人物，出身福島的野口博士，生前是細菌學專家，曾三度獲諾貝爾醫學獎提名，因為研究黃熱病而前往西非加納生活，最後卻死於黃熱病。廣場有一座野口博士雕像，小時候燙傷的左手插在口袋裡，長長的大衣好像在風裡翻飛起來，雕像下方寫著「忍耐」兩字。走上紀念館狹窄木造階梯，聞到樓下咖啡館的香氣。那附近有座舊醫院建築保存十分完好，很想日日在那條路上散步，學會野口博士的忍耐。

台灣澎湖跟會津若松也有一段醫療緣分，根據澎湖望安鄉志記載，一八六一年出生於會津若松市的佐藤乾，曾在福島與東京習醫，擔任過霍亂檢疫事務，精通內外科與齒科。甲午戰爭末期，佐藤乾以軍醫身分，跟隨日本艦隊攻占澎湖，之後艦隊赴基隆與近衛師團合體，清廷割讓台灣成為日本殖民地之後，佐藤乾輾轉在台中擔任日籍醫師助手，後來取得執照，前去澎湖開業，也擔任過好幾屆澎湖廳望安庄的協議會員與庄長。雖然擔任公職，卻持續為島民的健康把關，晚年行動不便時，就搭乘人力車，由女傭推車出外看診。直到一九四〇年過世。佐藤乾在澎湖望安奉獻了三十六年，其孫佐藤守自台灣總督府立台南師範學校畢業之後，回到望安公學校教書，直到一九四五年戰敗才引揚返回日本。

而今在澎湖望安鄉東安村龜壁崁尾，雖然遍尋不著在台灣澎湖過世的佐藤乾醫師長眠處所，但可以找到佐藤乾的妻子與三十八歲過世的長子之墓，該墓地還有擔任過望安廳長的松田幸八的次女松田幸之的墓碑，過世的時候只有五歲。

根據台灣總督府鴉片戒斷資料紀載，當時擔任澎湖公醫的佐藤乾醫師以協助戒斷鴉片、防治傳染病（尤其是砂眼）以及改善衛生條件為主。佐藤乾當時向上級回報說，「管區太大，且多屬南海離島，交通不便」，當時佐藤醫師以未踏上東西嶼坪視察衛生環境而引以為憾。

離開會津若松的時候，已經過了午餐時間，回旅館取行李，在車站買了三角飯糰，還把握最後機會，按了車站前方那隻會唱歌的「赤べこ」的紅色按鈕，往後要聽他唱歌說話也不容易了。在車站販售伴手禮的小店帶走赤べこ鑰匙圈跟手機吊飾，重新搭上磐越西線列車時，想起在川本三郎的旅行雜文裡面讀到「淚流三次的會津」這種說法，意思是，第一次流淚是因為來到這麼鄉下的地方，第二次是被這裡的人情感動，第三次則是要回家時，因為捨不得離開這麼美好的地方而流下眼淚。

我啊，應該還有第四次流淚的衝動，經過一百五十年從戊辰戰爭的悲傷之中變得更加勇敢的會津人，東日本大地震之後決定不跟福島切割的會津地區，應該是這次離開之後會持續想念的地方啊！

直到再見的那一天

我們是擁有綠意包圍的信夫山與清澈阿武隈川的福島市民，要創造一個空氣與水質都乾淨美麗的綠意城市……

拉著行李，從郡山站轉乘新幹線，重新又回到福島車站時，太陽還未下山，因為中午只吃了一個飯糰，此時已經覺得飢腸轆轆了。

到旅館放下行李，又回到兩天前吃了蝦仁鹽味拉麵的餐館，我這個人常常這樣，一旦成為習慣，就想要一直複製愉快的消費經驗，譬如松屋的咖哩飯，譬如BOSS 罐裝咖啡，譬如 7-ELEVEN 超商的燒烤串。只是這天晚餐選了本該是仙台為主場的烤牛舌定食，點餐的時候，服務生推薦我可以用優惠價加點山藥泥，據說跟烤牛舌很搭，只是我對定食分量已經覺得足夠，就婉謝了服務生的好意。烤牛舌相當美味，想起自己竟然在福島吃了仙台定番的牛舌，卻忽略了幾步之遙，據說是評價很高的圓盤餃子名店，福島應該是圓盤餃子的主場才對啊！但無所謂了，反正烤牛舌好好吃，圓盤餃子就當作下次再來的藉口。

翌日醒來，下樓到大廳吃早餐時，對於無具體計畫的一整天，突然想去看城，或櫻花，可是這時節根本不可能有櫻花，何況是依然寒冷的東北，但還是在手機輸入關鍵字，「城」＋「櫻花」，很快就決定出發去二本松城。

從福島車站搭乘東北本線到二本松站，只要二十幾分鐘。據說在櫻花滿開時節，整座城猶如飄浮在花海的半空中，十分美麗，因此有「霞城」的美名。抵達二本松車站時，才發現視線所及，根本沒有城的存在，站前地圖對我來說又有點難懂，只好向車站旁邊的觀光案內所求救。工作人員熟練拿出旅遊簡介，用紅筆在地圖標示出重要轉彎處的店鋪名稱，還特別強調這段路應該可以充分運動喔！

櫻花還未滿開，我是不合時宜的旅人，不過沒關係，畢竟無謀終會有無謀的樂趣。

也算是有歷史的小城鎮，要不是沿途偶有現代化的超商和銀行 ATM，光是看那一整條街的老鋪，會以為時間還停在明治、大正或昭和。一開始走錯方向，爬了很高的石階進入一間寺廟，內心還是不斷出現問句，城呢？城在哪裡？

終於找到地圖標示的寫真館，左轉之後只要直走，應該就沒問題了。那一路幾乎是翻過一個山頭的陡坡，雖然走得氣喘吁吁，然而沿途建築很美，一些獨棟洋房與小花園特別典雅，滿滿的在地生活感讓我看得興致盎然，有幾位站在藥局前方等待領藥的老爺爺老奶奶，還跟我點頭打招呼。

下坡之後，眼前瞬間展開如平野一樣的景色，再望向平野另一側，雖還不到賞花季節，可是二本松城的箕輪門與城牆看起來還是很有氣勢。整個霞城公園寬敞靜謐，幾株數百年的老松，挺直的傲骨氣勢，不是嚇人的那種壓迫感，人若是靜靜站在高聳的松樹前，會覺得人生實在渺小，沒什麼好爭的，類似那樣的覺悟。

畢竟不合時宜啊，邊走邊想這四個字。走到本丸遺跡所在地，可以俯瞰整個城下町的最高點，除了遇到一對情侶，一位獨自健走的老先生，和四位結伴出遊的老太太之外，大概就只聽到自己的腳步聲。整座山頭在戊辰戰爭當時犧牲了不少青春生命，突然颳起強風時，感覺群樹搖擺彷彿吹起沙啞的號角，那是時代的風，企圖傳遞什麼密碼吧！在那當下，亦無恐懼，只覺得一人獨攬山頭的風，真是奢侈。

直到離開時，回頭瞬間，想起一個月之後，這裡就要被滿山盛開的櫻花包圍，內心還是溫暖了起來。選了滿園花苞蓄勢待發的時節造訪這裡，也才有了寧靜的一個上午，邊走邊拾綴與反芻歷史種種，倘若到了賞花的人聲鼎沸那時，恐怕就沒有這種興致了。

幾乎是小跑步回到車站，趕上最接近的一班東北本線列車返回福島車站，也不太餓，在車站共構的 S PAL 百貨買了一個剛炸好的可樂餅，路過福島電鐵飯坂線車站時，立刻就決定了下午的行程。

屬於私鐵的飯坂線跟阿武隈急行線就位在 JR 福島站旁，兩條鐵道共用車站與月台。跟售票窗口買了飯坂線一日 Pass，乘車券像一張書籤，還附贈飯坂地區共同浴場入湯券。

經營飯坂線的福島電鐵已經有九十年歷史，穿著黑色西裝、斜背著大大的黑色口金包，不斷在車廂走來走去的隨車服務員，看起來都是二十幾歲的年輕男子，不過在終點飯坂溫泉站剪票口，可就是大叔級的工作人員坐陣了。

飯坂溫泉站前，矗立著松尾芭蕉的雕像，根據《奧之細道》的文字記載，一六八九年五月，松尾芭蕉曾經跟弟子河合增良來到此地泡溫泉，還住宿一晚，當晚下起大雷雨，師徒兩人被跳蚤和蚊子咬到睡不著。

沿著松尾芭蕉走過的路，行經他與弟子入浴之地，在那附近有座「鯖湖湯」，興建於明治二十二年（西元一八八九年），是日本最早的木造建築共同浴場，後來因為建築老化，於平成五年（西元一九九三年）按原貌修復，在傍晚夕照之下，木頭建築出現迷人的魔幻金黃紋路。沿途見到幾位看似當地人模樣的熟客，提著泡湯用的小籃子，毛巾就披在肩膀上，看起來好愜意。

那條小路既有神社、拉麵店、榻榻米店、花店、賣醬菜的小鋪，還有幾處往上走的石板坡道，也有一座占地廣闊的「舊堀切邸」，是十五世紀從「若狹國」也就是現今的福井縣移住此地的堀切家族擁有的宅邸。十五代當主堀切善兵衛曾經擔任過眾議院議長和駐義大利大使，弟弟善次郎是關東大地震之後的東京市長，最小的弟弟久五郎不但是眾議員，還是福島財經界要角。整座宅邸保存得很好，免費開放參觀，到訪的那個午後，恰好遇到當地居民的書法同好會上課中。宅邸內有溫泉足湯，可以免費借用毛巾與木屐，放置隨身行李的置物櫃則採用古老的厚片木頭拴，只要關上置物櫃的門，拔出拴子，就鎖上了。

泡腳之後，趁著天黑之前離開，踩著三百多年前松尾芭蕉師徒兩人的足跡，途中遇到某家料亭師傅在店外灑水打掃，夜晚用膳的客人，應該很快就到來。

回程在車站候車時，聽到電車故障停駛的廣播，站內乘客也沒什麼騷動，那附近並沒有巴士可以回到福島站，就只好等了。旁邊有位看起來應該是鐘點看護的女孩，牽一位老奶奶，要去福島車站附近看牙，女孩問我廣播裡面說什麼，我回答那廣播似乎是朝著月台方向，聲音都糊在一起了，不懂內容說些什麼。女孩是很熱心的個性，要我幫忙看顧老奶奶，再以跑百米的速度衝到售票口旁邊的辦公室詢問，最後也只是邊搖頭邊聳肩，意思是站務人員也沒把握。有醫護背景的女孩提醒大家注意保暖，我已經盤算好，倘若列車延遲過久，當晚要去仙台的計畫可能要跟著延後，反正一個人，任何旅行中的無法預測，只需處理好自己的情緒就好，於是走到自動販賣機，買了一罐熱奶茶來溫手。

將近一個小時之後，列車恢復運行，幾乎沒有乘客對著那位急得滿身大汗的工

VISA

作人員抱怨，倒是途中經過幾個車站，福島電鐵動員了許多穿著黑西裝的年輕員工在月台待命，那陣仗很像傑尼斯的跨年演唱會。

想起在舊堀切邸的足湯池牆面上，有一幅昭和四十八年（西元一九七三年）制訂的福島市民憲章，憲章文字寫到，「我們是擁有綠意包圍的信夫山與清澈阿武隈川的福島市民」，憲章第一條載明，「要創造一個空氣與水質都乾淨美麗的綠意城市……」

七年前，當地震引發後續福島一號電廠事故，小說作家村上春樹曾經表示，受過原爆之苦的日本，還以原子能發電，對於原爆犧牲者無疑是最大的背叛。

當天舊堀切邸的輻射偵測值顯示為 0.094 微西弗，屬於一般背景輻射範圍 0.2 微西佛以下。雖然福島市距離濱海的電廠管制區仍有一段距離，福島市民的擔心恐懼應該也沒少過。

那天我抬頭看著福島市民憲章，想起的，正是村上春樹那段話。

回到福島車站時，天色已經慢慢暗下來了，我拖著行李，重新又回到新幹線月台，真的要跟福島說再見了。

根據早稻田大學醫療人類學教授辻內琢也從震災翌年開始的追蹤調查，因為核災事故被迫疏散到異地避難的福島人，經過七年，依然有高達四成七的比例出現PTSD（創傷後壓力症候群）。「失去故鄉」「想回家」或「絕對不想回去」種種現實面與心理層面的折磨，即使在二〇一七年陸續解除部分管制地區的避難指示，有人選擇從此移住異鄉，也有人決定守住謀生的土地，持續畜牧、養殖、農業的工作，打算在福島過完這輩子。

離開福島那時，在月台等待開往仙台的新幹線，我反覆想著，如果我是福島人，在核災輻射最讓人憂心的這七年，到底要離開？還是留下來？去留選項可能太過簡化，要考慮的因素很多，可否捨棄，或有沒有辦法重來，光是回到日常都費盡心力了。台灣反核旗寫著不要有下一個福島，最初可能只是期許台灣核四廠那個拼裝怪獸不要真的運轉，因此那口號帶有同理的焦慮，即使沒有惡意，卻未能顧慮到福島人的心情，畢竟他們那麼努力，努力恢復日常，努力栽種，努力過日子。災後的福島是可以學習、可以給予勇氣的地方，不管是回不去管制區的福島人，還是依然要過日子的福島人，每一種心境，都是旁人無法輕率定義的人生。他們或許不是天生就那麼勇敢，他們只是很努力讓福島越來越好。

以旅行的方式來理解福島吧，大多數地區的飲水都沒有問題，交通也都正常，福島聖光學園還打進這年的春季甲子園！

我開始思念福島車站的整點報時，思念會津若松車站前方那個唱著會津音頭的吉祥物赤べこ。我不會說福島加油，因為他們已經很加油了，超越我可以想像的加油。

再見了，福島。直到再見的那天，我也要一樣勇敢。

一個人的無謀小旅行（二版）

作　　者　米果
插　　畫　康普特
裝幀設計　李珮雯（PWL）
責任編輯　王辰元

發 行 人　蘇拾平
總 編 輯　蘇拾平
副總編輯　王辰元
資深主編　夏于翔
主　　編　李明瑾
行銷企畫　廖倚萱
業務發行　王綬晨、邱紹溢、劉文雅

出　　版　日出出版
新北市 231 新店區北新路三段 207-3 號 5 樓
電話：（02）8913-1005 傳真：（02）8913-1056

發　　行　大雁出版基地
新北市 231 新店區北新路三段 207-3 號 5 樓
24 小時傳真服務（02）8913-1056
Email：andbooks@andbooks.com.tw
劃撥帳號：19983379　戶名：大雁文化事業股份有限公司

二版一刷　2023 年 12 月
定　　價　420 元
I S B N　978-626-7382-52-3
I S B N　978-626-7382-50-9（EPUB）

國家圖書館出版品預行編目 (CIP)

一個人的無謀小旅行 / 米果著 . -- 二版 . -- 新北市 : 日出出版 : 大雁出版基地發行 , 2023.12
面；　公分
ISBN 978-626-7382-52-3(平裝)

1. 旅遊文學 2. 日本

731.9　　112020858